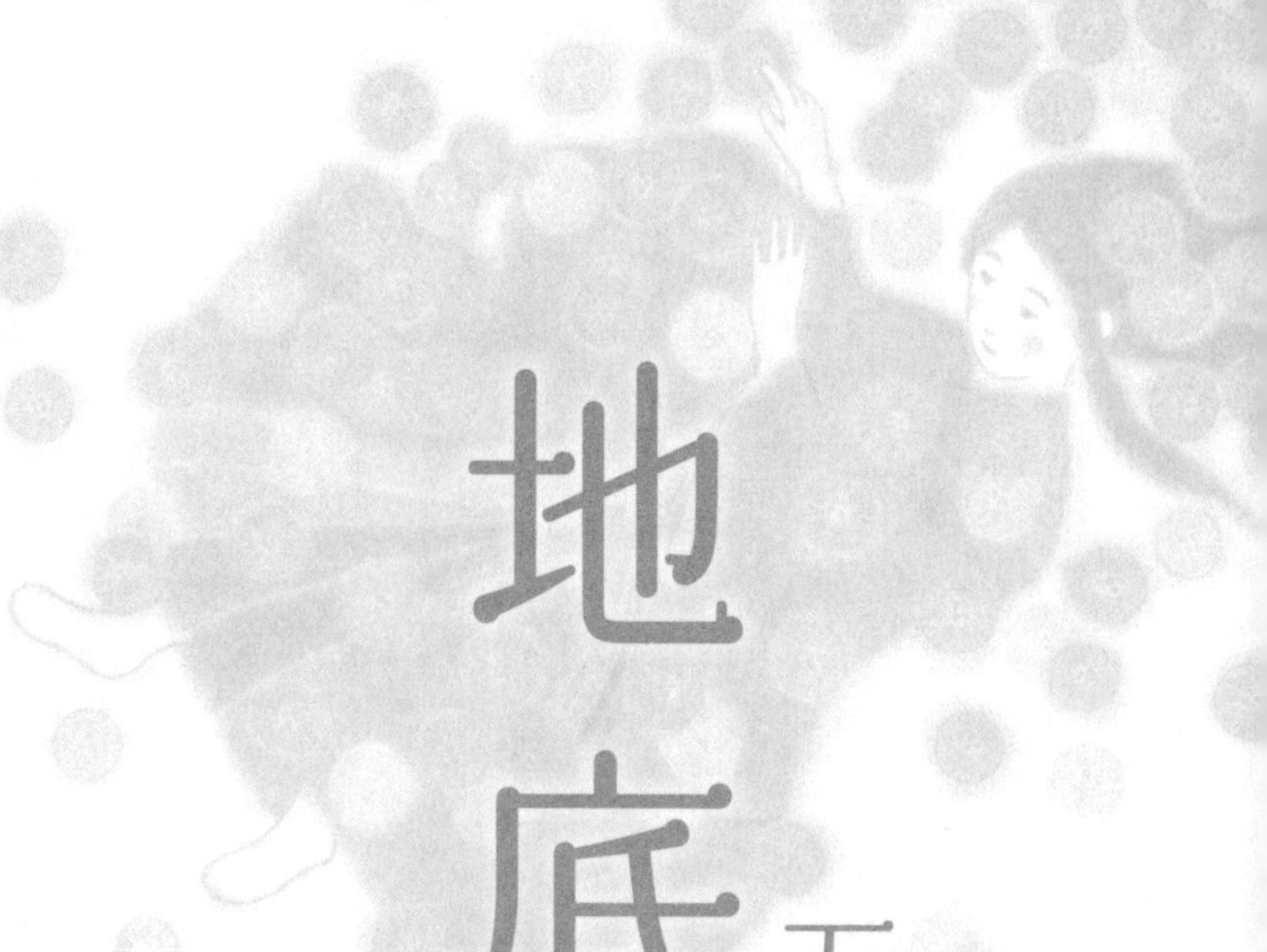

地底医学

万病平癒のヒント

医療法人愛香会 奥山医院 院長
奥山輝実

ヒカルランド

―宇宙の神さま、宇宙の愛とは何ですか？―

宇宙の愛とは愛《いと》おしさです。私はあなたたちをとても愛おしく思っています。
皆さんのことが愛おしくてたまりません。
なぜなら、皆さんは私だからです。
皆さんが悲しむ時、私も悲しい気持ちになります。
皆さんがこころを痛めている時、私のこころも同じように痛みます。
皆さんが誰かを愛する時、私はとても満たされて、幸せな気持ちになります。
皆さんは私そのもの、宇宙の愛そのものなのです。
愛で満たされる喜びとこの上ない安らぎや安心感、幸福感を皆さんも知っている
はずなのに、今、忘れてしまっていませんか？
わざと目を背けようとしていませんか？
愛を口にすることを恥ずかしいと思っていませんか？

愛はこの世で一番かけがえのない崇高なものです。
皆さんは宇宙の愛の分身として地球に生まれてきました。
恥ずかしがらず、臆することなく、思いっきり自分の愛を表現して欲しいのです。
ひとりひとりが自分の中に持っている愛を出すことで、
地球は宇宙の中で神々しく輝く星になることでしょう。

ご自分の愛に目覚めてみませんか?
あなたが持って生まれてきた
そして、まだ気づいていない宇宙の愛に触れてみたいとは思いませんか?
その近道がここにあります。
あなたの目覚めの一歩を踏み出してください。
この先生が手助けしてくれます。

地底医学◆目次

第二章　宇宙旅行へ　119

カバーデザイン　三瓶可南子
カバーイラスト　しんやゆう子
本文イラスト　宝んぼまるみ
校正　麦秋アートセンター

第一章　地底の世界へ

「今日は特別な旅になるから、しっかりとついてくるんじゃ」

毎夜、夢に現れて医術を伝授してくださる華佗《かだ》老師がニヤッと笑いながら、いつもの古い中国の町並みの中で待っていてくださいました。

そこは幅20メートルほどの運河に沿った土の道で、柳が等間隔にきちんと並んでいて清楚《せいそ》な空気を感じました。運河には菰俵《こもだわら》を積んだ小舟が行き交い、道には老若男女の中国人たちが歩いていましたが、急ぐ人はおらず、時間がゆったりと流れているのがわかりました。

老師さまをラバに乗せて、私が曳《ひ》きます。

「おじいちゃん、行ってらっしゃい！」と老師の孫娘「鈴々《リンリン》ちゃん」が見送ってくれました。

やがてヒマラヤ山脈の峰々が見えてきました。邪魔するもののない一本道がヒマラヤの奥地へと続いていました。月と太陽が天空を何度も行き交い、星々が光の粒となってキラキラと降り注いできました。タルチョーがはためく峠をいくつも越えながら、老師さまが呪術をひとつ伝授してくださいました。

それは「御霊抜きの術」で、霊障体が憑《つ》いた物品や家や土地を除霊浄化することができます。水や風や日の光も、山、川、森、天地すべてを除霊浄化できる呪術でした。

「日月も、天空の星々も、天の川さえも祓《はら》い浄化できた。天地自然は素直で良い。ススを払うように、いともたやすく浄化できる。国も王も軍も浄化できたがの。ただ、世のため人のためとは言え、その代償は大きかったの……」と老師さまは悲しげなため息をつかれました。

「龍神に命じれば、何でもできるのじゃ。お主の龍神なら、天空を光にも闇にも塗り込めることができるじゃろう。お主のこころにわずかでも迷いがあれば、闇が龍神の主となり、すべてが闇に染まってしまうじゃろう。お主が内なる迷いに気づけばよいが、迷いは迷いを生み続け、やがて迷いの迷宮に閉じ込められてしまうのじゃ。我が弟子たちも、迷いの迷宮に囚《とら》われてしもうた……悲しいのう」と老師さまは涙を拭われました。

「神々には思念があるが、龍神たちはその思念さえ超えておる。思念しない龍神たちにとって、この世の善悪など眼中にはないのじゃよ。彼らのどこまでも澄み渡った瞳がそれを物語っておるの。悪霊悪鬼、魑魅魍魎《ちみもうりょう》に取り憑かれた龍神でさえ、その瞳は澄み渡っておる。御霊抜きは、その瞳の中に飛び込むことで成就できるのじゃ。

時には邪神悪魔に取り憑かれた神々の御霊抜きをせねばならないこともあるじゃろう。憑依《ひょうい》された神々の瞳は、怒りや憎しみ、悲しみや絶望に染まっておるじゃろう。その時には、お主の龍神と同化するのじゃ。龍神と化したお主なら、神々の邪念に燃える瞳の中に飛び込むことができるはずじゃ。怒りの紅蓮《ぐれん》の炎も、絶望に凍える寒気も、孤独におびえる乾風《からかぜ》も、虚無の暗黒も、お主の龍神を遮ることはできぬはずじゃ。瞳の奥には光は届かぬゆえ、無限の闇が広がっておる。人の感性ではどこが中心なのか？　は計り知れず、永遠に彷徨《さまよ》うことになるがの、龍神はちゃんと闇の中心がわかっておるから、すべてを龍神に任せて進むのじゃ。そしての、龍神が止まれば、そこが闇の中心なのじゃ。

お主には素戔嗚尊《すさのお》の御魂が宿っておる。古《いにしえ》の昔、八百万《やおよろず》の龍神たちは素戔嗚尊と約束をしたのじゃ、『素戔嗚尊の命に必ず従う』との。お主が素戔嗚尊として命じれば、邪神悪魔に憑依された龍神でさえ、お主の命に従うのじゃ。八百万の龍神たちをもってすれば、天地自然のことごとくを除霊浄化することなど容易《たやす》いことじゃ。国も軍も一夜で浄化できる力を龍神は持っておるからの。

闇に堕《お》ちた人間に御霊抜きをすれば、そやつは再び日の目を見ることはできぬことを、お主の肝に銘じておくことじゃ。そやつの龍神は、二度とそやつの魂に宿ることはない。龍神が宿らない魂は、この世へ再び生まれ変わることはできず、黄泉《よみ》に還《かえ》ることもできず、永遠に霊界を彷徨うのじゃ。御霊抜きをされた魂は永遠の闇に葬り去られることになるのじゃが、果たしてわしやお主のような人間が、魂を消し去ってしまっても良いものかの？　わしにもまだその答えがわからないままなのじゃよ」

気がつけば、チベットの深山《みやま》の洞窟に私たちはいました。

ラバから降りた老師さまと私は、真っ暗な洞窟の奥へと進んでいきます。老師さまの身体が光りだすと、洞窟内が日の出の太陽に照らされたように明るくなりました。

「さすが、老師さまだ」と感心していると、老師さまは笑いながら人差し指で私の体を指さしました。

「うわぁ！」

私も老師さまと同じように光の体になっていました。老師さまが私のオーラをゆっくりと手で撫《な》でると、光が次々と虹色に変化していきます。私も老師さまのオーラを撫でてみると、その光は慈愛に満ちあふれていました。

「ここは愛ある人たちには、いつでも当たり前に見える入口だが、邪念ある人々は永

久に見つけることのできない秘密の入口なのじゃ。別に隠し立てしているわけではないのじゃがの。見えないものを見る力を授かり、ようやく使いこなせるようになったから、お主を連れてきたのじゃ……そろそろ連れてこい、と言われたのじゃ」

老師のお話をテレパシーで聞いている間に、洞窟はどんどん広くなって……上下左右の壁がまったく見えなくなっていました。私たちを包み込んだオーラの光の珠《たま》は、真っ暗な宇宙の中をスーッと進んでいます。

やがて虹色の光が眩《まぶ》しく光る出口が見えてきました。光の出口を出ると、そこは金をふんだんに使った金細工で美しく彩られた神殿の中でした。ここは聖なる祈りの場だ、ということを直感できました。神殿の四隅には、白蛇、青蛇、赤蛇、金蛇がいて、この聖なる空間を護《まも》っていました。

「この聖なる空間を授ける。ここはあらゆる霊障と闇を寄せつけない聖域である」とよく響く声だけが聞こえてきました。

「ユトク聖医さま、連れて参りました」と華佗老師が天空に向けておっしゃいました。

パン！　と柏手《かしわで》の音がすると神殿の壁がサッと透けて、その向こうに世界中のあらゆる事象が映し出されました。それは過去も今も未来も……古い世界の様子だけでな

く、見たこともない地球の日々の様子も見えました。華佗老師が咳払《せきばら》いをひとつすると、鈴々ちゃんが生まれた日も、今日の鈴々ちゃんの様子も、見目麗しい大人になった鈴々ちゃんの婚礼の日も見えました。

「この空間の使い方がわかったかな」とおっしゃる老師に、私は強くうなずいて答えました。

「四つん這《ば》いになりなさい」と老師にうながされて、私は神殿の床に手と膝をつきました。

またパン！　と柏手の音がすると、四隅を護っていた蛇たちが、次々に私の仙骨から中脈の中へと入ってきました。蛇たちは、それぞれが異なる強烈なエネルギー体だと感じ取れましたが、その意味するところまではわかりませんでした。

「これで大丈夫だ」と聖医さまの安堵《あんど》した声が聞こえました。

「これからしばらくの間、毎夜、この神殿に来て、ユトク聖医さまからの教えを受けるのじゃ。お主にも次元を超えた医術と宇宙の医術を学ぶ時がやってきたのじゃよ。喜ばしいことじゃの。ここで授かった智恵《ちえ》と医術を使い、広める時が直に来る。こころして学ぶのじゃぞ」と言い残すと、老師さまは天空へと昇っていかれました。

軍隊も霊能者も見つけられない地底世界への扉

意識のフォーカスを老師さまに合わせると、透けた神殿の壁の向こうに懐かしい中国の町並みが見えました。やがて老師さまの家が見えてきて、老師さまと鈴々ちゃんが楽しそうに夕食をしている姿が見えました。

「無事に帰られて良かった」と安心すると、老師さまはニコッと微笑《ほほえ》まれました。

「この世界は、表の世界と波動で強く結ばれておる。この世界は、表の世界にとっては裏側の世界じゃ。ガイアの裏側で、表の人間たちにとっては地底の世界ということになるが、私たちにとっては、どちらも同じガイアの大地なのじゃ。違いは波動だけじゃ。表の人間たちの波動では、こちらの世界は想念も認識もできないのじゃ。あっても無きが如《ごと》し。見えず聞こえず触れられずじゃからの。

お主が通ってきた洞窟を探し出そうと、表の人間たちは何度も大きな探検隊を差し向けてきたことがあったの。今でも時々、かの国の軍隊が探索に来るが、相変わらず見えず聞こえずのままじゃて。サイキックな霊能者たちを総動員して探索に来たこともあったが、あの波動では洞窟の入口でさえわかるまいの。やはり表の世界の国家や企業がからむ波動では、絶対にあの洞窟を越えることはムリなのじゃ。いくら表の現代科学の粋を集めて調査しても、こちらの世界の存在を探知することはできまいの。表の世界にとっての地球は、岩石とマグマと鉄でできた塊にしか見えないのも仕方ないことじゃ。表の波動では、そうとしか見えないのじゃから、それで良いのじゃ。

どれ、お主にはこちらの世界を楽しんでもらうとしよう。お主の案内と世話は、この者に任せてある」

いつしか神殿の透明の壁の向こうには、生き生きとした緑があふれる森と野山が広がっていました。振り返ると色とりどりの花々が咲く庭のある、木と石で建てられた円形の家々が美しいグラデーションを織りなす町が見えました。

町の向こうには入り江があり、大小の船がゆっくりと行き交っていました。入り江の向こうには海が、地平線の遥《はる》か彼方《かなた》まで広がっていました。空を見上げると表の世界の空よりも温かい色度の青空に、真っ白い雲がいくつも浮かんでいました。もうすぐ夕時なのでしょうか、表の世界と同じような夕日が森の奥に連なる山々を紅に染めながら、海の彼方へと沈み始めていました。

「動物はいるのかな？」と入り江の方を見ると、視野がスッとズームアップされて、海鳥たちが小舟の上を舞っているのが見えました。

「海鳥たちも夕餉《ゆうげ》の時間ですね」

柔らかい女性の声がして振り向くと、金色のオーラに包まれた女性が微笑みながら私を見つめていました。姿は日本人と同じで、背がとても高いことだけが表の人間と違っている点でした。

「これでもかなり小さくなったのですけどね。まぁ、しばらくすれば慣れると思いますよ」

私の思考が瞬時に読み取られてしまうことに、この時気づきました。

「こちらでは挨拶はこうするのですよ」と言い終わらないうちに、のっぽの彼女にハグされていました。私には彼女が近づいてきた気配さえ感じ取れませんでした。

「それはね、私があなたをハグする、と思った瞬間に、もうハグしていたからでしょう。こちらの世界では、表の世界よりも想念はうんと早く具現化します。思ったら叶《かな》っていた。ね、表の人たちにとっては夢の世界でしょう？」

彼女は悪戯《いたずら》っぽい目で笑いながら、この地底の世界の想念の具現化パワーを教えてくれました。

「さぁ、我が家へご招待しますよ。ついてきてくださいね」

そう言うと、彼女は透明になったままの壁をすり抜けて、森の小道を歩き始めました。私も壁を抜けて歩き始めましたが、ツルッと足が滑って倒れそうになりました。それはまるでアイススケートを初めてやった時のような不思議な感覚でした。気をつけて立ち上がって自分の足下を見ると、足底が土の地面からわずかに浮かび上がっているように見えました。彼女の足を見ると、同じように地面から浮かび上がっていました。

「ここは地底の世界。表の世界とは何もかもが違うと思っていてね。歩く時はね、滑るように意識すると歩きやすいわよ」と言いながら、氷の上を滑って歩くようにスイスイと歩いて見せてくれました。

「私たちの波動は、表の人たちよりも段違いに高く強いの。宇宙人さんたちもそうだけど、波動が五次元化しているから、身体の中心に重力子体という塊があって、重力を意のままにセルフコントロールしているの。表の人たちの自律神経系のように、無

意識に重力的なホメオスタシスを保ってくれているから、宇宙人さんたちは宇宙船の中で立ったり歩いたりできるし、私たちもこの地底の世界を自由に歩くことができるわけなの。重力子体がなければ、この地底の国に住むことはできないけど、その話はまた今度しましょうね」

　私は彼女と一緒に緑の森の小道をスケーティングしながら進んでいきました。そのスピードはオリンピックの滑降スキーほどの速さで、「これなら車や電車は要らないだろうな」と思いました。

「そうね、ここには表の世界の車や電車、飛行機といった乗り物はありませんよ。自分の重力子体のパワーを意識して使えば、空だって飛べますからね。ほら、やってみますか？」

　そう言うと、彼女はフワッと浮かび上がって森の上を飛び始めました。金色のオーラが淡くたなびいて、砂金のようにやわらかく降り注いできます。それはまるで天女のように美しく、魔女のように妖艶《ようえん》に感じられました。

　天女が降りてきて、私の手を取って上へ軽く引き上げてくれるとズン！　と私のみぞおちの奥に、月のような衛星がひとつテレポーテーションしてきたかのような重みを感じました。

「その月に『浮かべ！』と命じて」

言われるがままに、みぞおちの月に命じてみると、フワッと私も浮かび上がることができました。

「そう！　その感覚を覚えておいてね。一度意識と重力子体が繋《つな》がってしまえば、後はいつでも意識するだけで、重力子体は自動的に働いてくれますからね。さぁ、ちょっとお空の旅もしてみましょう！」

そう言うと、彼女は私の手を引いてどんどん空高く昇っていきました。

海の向こうに美しい夕日が見えます。地上には夕日に照らされた町と森が見えます。飛行機のように空気抵抗を使って飛んでいるのではないので風圧はありません。方向転換も瞬時にできます。急降下してみても、落ちていく感覚ではないので、恐怖心は湧いてきませんでした。

「宇宙人さんたちの宇宙船も、こんな感じなのですよ。急発進や急停止、ジグザグ飛行も思いのままにできます。宇宙船自体の波動を高めれば、どこの星へもテレポーションできてしまいますよ。宇宙人さんたちには、また今度紹介しますから楽しみ

にしていてくださいね」

地底世界は平面世界

私たちは森の上空をひとまわりして、上空に浮かんだまま、海に沈む美しい夕日を楽しみました。

「あれ？　どこかが違う……」

私は地平線が丸くないことに気づきました。この地底の世界では、遠くの海の地平線が一直線なのです。表の世界で地平線を見渡すと「地球は球体なのだ」を実感できます。でも、この地底の国の地平線は確かに一直線なのです。

「面白いことに気づきましたね。その通り、この地底の世界は平面世界です。地球の中心には、今、見えているあの夕日の太陽がいつも輝いています。地球の中心にある太陽ですから、太陽は動きません。私たちの暮らす地底の平面が絶えず動いています。まぁ、この地底の世界の動きは、表の人たちにはなかなか理解できないでしょうね。

この地底の世界でも日の出も日の入りもあり、夜もやってきます。表の世界の皆さんも地球が球体であることは誰もが真実だと思っていますね。確かに地球は球体です。この地底の世界も、地球を輪切りにしてみれば、球面に見えるでしょう……三次元波動の目ではね。

私たちの暮らす地底の世界は、すべてが五次元波動です。三次元波動では球面でも、五次元波動では平面で良いのです。それは宇宙の理《ことわり》に反するものではありません。表の皆さんは三次元宇宙の理に立っていて、私たち地底の世界はすべて五次元宇宙の理に立っているだけなのですから。

私たちは、ひとりひとりが固有の平面世界に暮らしています。それは表の皆さんだって同じことでしょう。知識としての地球は丸いのですが、自分意識では日々の暮らしは平面世界なはずです。

たとえ国際線のパイロットであったとしても、飛行機から見える自分意識の景色は平面でしょう。ロケットで大気圏外を回っていると『地球は丸かった』ですが、その地球が浮かぶ暗黒の宇宙空間に星々を加えた自分意識の景色は平面的に見えるはずです。

表の皆さんの波動は低いので、自分意識をリアルな世界へと具現化することはまだまだ難しいのですが、五次元波動の私たちの世界では、自分意識が自分世界を具現化していきます。地面は球体であるよりも平面の方が暮らしやすいから、私たちの地底世界は平面世界なのです。

私たちひとりひとりが具現化した世界は、同じ波動同士でひとつの集合意識体となり、ひとつの世界を具現化します。朝、日が昇って、夕方、日が沈み、夜が来る。その想念通りに、自分がいる平面世界が地球中心で輝く太陽のまわりを動いてくれています。その平面世界の動きは、三次元世界の皆さんには理解しがたいかもしれませんが、表の世界にあったロータリーエンジンの動きを思い浮かべてもらえれば、何となくわかっていただけるかもしれませんね。

夜はさすがに星々の瞬きは、この地底の世界では見えません。その代わりに、夜はガイアの大地の側、ちょうど表の皆さんが暮らしている大地を裏側から見る形になるのですが、ガイアの息吹であるマントルの流れが、赤く染めた天の川のように夜空に見えます。それは龍神たちが踊りながら夜空を駆け巡っているかのようにも見えるので、今夜を楽しみにしていてくださいね。

表の皆さんはご存じないのですが、大地の奥には大きなダイアモンドや金塊が無数にあります。それらもスターダストのように美しく輝いて見え、私たちはその輝きたちから星座を作って楽しんでいます。流れ星だって、誰かが誰かのために想念すれば、ちゃんと一筋の輝きとなって流れてくれます。

この地底の世界は、宇宙と同じ愛の世界です。いかに愛を表現するのか？　愛しあい、愛を高めあうのか？　私たち地底人も、宇宙人たちもみんな、愛のことしか眼中にありません。愛に集中するだけの時間も余裕もたっぷりとありますからね。表の世界の人たちのように愛を忘れてしまう……なんてことは、私たちには考えもつかないことなのです」

地底の世界の構造は、私はすぐには理解できませんでした。でも、平面世界であっても別に良いのではないかしら、何も問題がないのだから……と思ってしまうほど、この地底の世界は美しく安らいでいたのでした。

「このままずっと地平線の彼方まで飛び続けたら、どうなるのですか？」

「海が平面の角で滝となって……と言って欲しかった？　残念でした。このまま飛び続けると、ここと別の陸地が見えてきます。それはね、私たちの自分意識がその別の陸地に暮らす人たちの集合意識体と自動的にシンクロするからです。

別の陸地に暮らす人たちにとっても世界は平面です。私たちは、こちらの平面からあちらの平面へ、海上を飛んでいるうちに自動的に想念の波動調節をしたことになります。表の世界のように、ちゃんと時差だってありますよ。まぁ、移動スピードを最大にすれば、時差なくあちらの平面に着けますけどね」

そう話していると突然、３つの光る物体が私たちの上空を横切って、町へと降りていきました。

「あれは宇宙人さんたちの宇宙船です。昔から宇宙人さんたちとは仲良く暮らしていますが、最近、宇宙人さんたちの動きがとても活発になっていて、見たこともない宇宙人さんたちが大勢、この地底の世界にやってきています。宇宙船の出入りも増えましたね。宇宙人さんたちがどれだけ増えても、町はますます楽しく幸せになるだけで、決して賑《にぎ》やかになりすぎたり、文化や習慣の違いの問題が生じたりはしないので、みんな、今まで通りに宇宙人さんたちと仲良く暮らしています。宇宙人さんたちって面白いですよ。あなたもこの機会に、たくさんの宇宙人さんと友だちになってくださいね」

ソマチッドが教えてくれたこと

私たちも明かりが灯《とも》り始めた町へと降りていきました。

「さぁ、着きましたよ。この町がこの地底の世界では3番目に大きな町で『フィリア』と呼ばれています。表の皆さんが金星と呼ぶ星を私たちは『スフィリア』と呼びます。この町はさしずめ『金星の娘』という意味ですね。疲れましたか？　ちょっと深呼吸してみましょう」

彼女と一緒に大きな深呼吸を続けていると、心身の疲労がサッと消え去って体中から元気が湧き出てくるのを感じました。それはただの元気ではありません。愛しさ、うれしさ、幸せ、感謝、喜び、満足感……ひとことで言えば「愛」が湧き出してきたのです。細胞のひとつひとつが、すべてのソマチッドたちが一斉に歓喜の声をあげているのが感じ取れました。

「表の人たちは、やはりソマチッドが元気でなければ、身体もこころも元気になれま

せんからね。ちょっとソマチッドたちの声を聞いてみますか？」

そう言うと、彼女は私の身体に手のひらを当てて目をつぶり……静かに落ち着いた老女のような声で言いました。

「私たちソマチッドが元気でいないと、地上の人間は元気になれません。ですから時々は、この『地底の世界』や『空と無の世界』へ連れてきてください。難しく考えたり、ムリな修行は要りません。ただ意識を繋げるだけで、私たちソマチッドはここへ来て、宇宙の愛のエネルギーを充電することができます。

私たちソマチッドは、生命の源になる物質です。地上のすべての生物たちが、私たちの力を必要としています。私たちが機能しないと、地上の生物たちは病気になります。

しかし、地上の人間たちはまだ私たちのことをよく知りません。重要視してくれる人間もほとんどいません。私たちは、地上の人間の身体の60兆個の細胞すべての元気の源です。だから私たちが元気にならないと、地上の人間の身体も元気にはなれません。私たちのことをもっと知ってください」

「宇宙人さんや地底人さんも同じソマチッドを持っているのですか？」と私はソマチ

ッドの意識体に尋ねました。

「宇宙人はソマチッドを持っていません。私たちは、すべての地球の生命体の中にいますが、地底人の生命体は、その半分が光で、残り半分がソマチッドでできています」

「なぜ地底人さんは半分が光で、半分があなたたちソマチッドなのですか？」

「地底人さんの方が地上の人間よりも光の波動が高いからです」

「地底人さんの波動は、地上の人間よりもどれくらい光の波動が高いのですか？」

「10倍以上は高いです。それだけ地底人の方が目覚めているのです」

「地上の人間も目覚めれば、地底人さんたちと同じように光の波動を高めることができますか？」

「そうなれる可能性はあります。そのためには、地上の人間の意識と共に、今の地上の環境も大きく変えなければいけません。

私たちソマチッドは、身体が冷えていると十分に働くことができません。身体の中の体温が高い人間ほど、私たちソマチッドの働きも活発になります。身体が冷えている人間は、まず身体を冷やさないことが大切です。地上の世界にはびこっている化学物質のような身体に害を及ぼす毒は極力、摂《と》らないようにしてください。私たちソマチッドは、そういう毒にとても敏感に反応してしまいます。天地自然と共に暮らしている人間ほど、私たちソマチッドはとても元気に活性化されています。地底人のソマチッドが半分でも十分なのは、地底の世界の暮らしが、私たちソマチッドにとっても理想郷であるからです」

私のソマチッドたちがもっと深呼吸したがっているような気がしたので、私はしばらく地底の空気を楽しみました。

「地底の世界の空気は、宇宙の愛の波動で満ちあふれています。表の人たちは空気の中の酸素を吸って生きていますが、私たち地底の民は、宇宙の愛の波動エネルギーを吸って生きています。愛の空気さえあれば、生きるための食事も飲み物も要りません。ちょっと疲れたかな？　と感じたら、私たちはゆっくりと愛の空気を吸い込みます。息を吐くのは身体任せで、意識はゆっくりと長く吸い込む方へと向けます」

そう言いながら、彼女は地底流の深呼吸をやって見せてくれました。彼女を包んでいた金色のオーラの輝きが一呼吸ごとに増していきます。美しく輝くオーラの中に、砂金のような無数の粒がゆっくりと舞い始めて、やがて砂金の粒たちはひとつの生き物に化して、彼女の中を優雅に泳ぎ始めました。私にはそれが龍神のように見えました。

「私たちはいつもこの空気を吸っているので、表の世界のように病に苦しんだり、死を恐れたりすることはありません。この地底の世界には病も死もありません。私たちは生きたいだけ生きることができます。身体の老化も、とてもゆっくりとしか起こりません。細胞たちは愛のエネルギーで生きているので、新陳代謝がほとんど起こらないのです。

髪の毛は自分の想念で生え方をコントロールしています。ほとんどの地底人たちは、日々の暮らしの中では髪の毛は不要なので、生えないようにしています。ただ、表の世界に行く時やこうやって表の人と会う時には、数日前から髪の毛が生えそろうように想念しておきます。ほら、これはあなたのために生やした髪ですよ。触ってみて」

彼女は振り向いて、表の女性のように髪をかき上げる仕草をしてくれました。金色のオーラの中から濡《ぬ》れ羽色《ばいろ》の豊かな髪が現れました。触ってみると、若々しく健康で愛くるしいエネルギーが手のひらに感じ取れて、私の中に恋心が芽生えたのがわかりました。

「うわぁ、そんなに気に入ってくれたのですね。嬉《うれ》しいわ。ね、とても懐かしい感じもするでしょう？　これから色々と思い出していきますよ。お楽しみに！」

地底人のオシャレ　～オーラを着こなす～

彼女は悪戯っぽい目で笑うと、ピンク色の花々が咲き誇る一軒の丸い家に向かってスキップしながら歩き始めました。髪の毛が金狐の尻尾のように揺れています。その後ろ姿を見ながら、私は彼女が服を着ていないことに初めて気づきました。彼女の身体を包む金色のオーラが衣服の代わりをしていました。

「私たちの世界には衣服を着る人はいませんよ。みんな自分のオーラを自由自在に使いこなせますからね。オーラが衣服の代わりで、誰もが自分の思うがままのオシャレを楽しんでいます。

表の世界の人たちは、常に束縛され支配されたがっていましたよね。身体をギュウギュウに下着で束縛したりして……だからいつもこころまで自分で抑圧したり、誰かに呪縛されたりしても平気だったのでしょう？　あんなことは、地底の世界でも宇宙人たちの世界でも考えられないことなのですよ。

私たちの世界ではオーラが衣服です。表の世界の人たちが大切にしている『恥ずかしい』という感覚はここにはありません。私は私、あなたはあなた、で誰もが自尊心を大切にしながら自立していますからね。私のオーラが金色なのは、金星人のDNAが濃いからで、それは他の人たちにとっては単なる私の個人的情報であって、『どうでもいい』ことでしょう。金星人たちには『仲間だね』と喜んでもらえるし、他の宇宙人たちには『金星人なのですね』と褒めてもらったりスルーされるだけで、お互いに何の支障も感じないから、これで良いのです。あっ、私の身体を見てみたいでしょう？」

そう言うと、彼女は目を閉じてゆっくりと息を吐きました。彼女の金色のオーラがスーッと身体に吸い込まれていきます。彼女はとても均整のとれたプロポーションをしていて、表の世界なら、たちまち一流スターになれるでしょう。身長は2メートル弱で、首と手足が少しだけ長いように感じられました。肌はシルバーがかった肌色で、頭髪以外の毛は見えませんでした。瞳は深いブルーで、唇はザクロ色で、歯は象牙《ぞうげ》色

でした。よく見ると耳の先が少し尖《とが》っているように見えました。

「この耳はね、私の先祖からの勲章なの。別の次元宇宙からやってきた先祖の耳は、もっと尖っていたそうです。私には金星人と地底人の他にも、遠い星からやってきた宇宙人たちの血が流れていると思うと、何だかとても嬉しくなってきちゃうの。ふふふ、あなたも最近、耳の先が気になっていたでしょう？」

確かに最近、耳の先をよく蚊にかまれたり、むずがゆくなることが続いていました。

「そう、それですよ。あなたの中の未知なる宇宙人の血が目覚め始めた証です。これからあなたの耳も……ということにはなりませんが、何だか楽しみでしょう。さぁ、中へ入りましょう。皆さんがお待ちかねですよ」

彼女は元の金色のオーラを身にまとうと、私の手を引いて家の中へと入っていきました。

すべて愛　～たくさんの「ゆな」～

「おかえり！　おかえり！」と妖精たちが笑いながら一番に走り寄ってきて、彼女に飛びつきました。

「この人がお兄ちゃんなの？」

「そうよ。さぁ、みんなのところへ行きましょう」

妖精たちが私の手を取って大広間へと連れていってくれました。

そこにはとても背の高い地底人たちが集まっています。みんな笑顔で私を歓迎してくれています。金色、銀色、藍色、黄色、桃色……さまざまなオーラをまとった人たちがにこやかに輪の中へ迎え入れてくれました。彼女はテレパシーでひとりひとりを紹介してくれましたが、それは超高速通信で一気に情報をダウンロードしたかのように私の知識に流れ込んできました。その一瞬で、私は集まったすべての地底人たちの情報を知ってしまいました。

その中で、ひときわ威厳と慈愛のエネルギーが強いオーラを放っているのが、この町の長老さまでした。長老さまのオーラは玉虫色に美しく輝いていて、頭には2本の触角のような小さな突起が見えましたが、長老さまは大昔の昆虫型の宇宙人の血が流れていることを先ほどの情報通信で知っていたので驚きはしませんでした。

「よく戻ってきましたね、おかえりなさい。みんな、あなたに会えることを楽しみにしていました。今夜はあなたを迎えるパーティーを用意しました。驚くことが多いとは思いますが、この地底の世界をゆっくりと楽しんでください。

表の世界の人たちは、ごちそうを食べたり、お酒を飲んだりしてパーティーを楽しむようですが、もうご存じの通り、私たちは食事というものをほとんど摂りませんし、お酒というものもありません。それでも今朝から妖精たちが森や野山に行って、キノコや果物を集めてきてくれました。簡単な料理ですが、表の世界の人の空腹を満たすことはできると思います。ここはあなたの本当の故郷なのですから遠慮は要りません。今宵はみんなとの再会を楽しんでください。さぁ、表の世界の『乾杯』の代わりに、みんなからの愛のエールを受け取ってください」

地底人たちと妖精たちが静かに目を閉じて、両手を胸のところで組んだ祈りの姿になった瞬間、私は太陽を1000個抱えたような温かい慈愛のエネルギーに満たされた小宇宙になりました。そこには愛しかありませんでした。愛がすべてでした。私自身が愛そのものでした。同時に私はこの地底の世界のすべてを知ってしまいました。この世界も愛がすべてでした。地底ではすべてが愛から生まれていました。愛がすべてのエネルギーの源であり、生命の根源でした。宇宙もすべてが愛でした。

「愛の他に何があるの？」

彼女は笑いながら語りかけてきました。

「そうだね、宇宙の隅々まで一緒に何かを探しにいったこともあったね」

私はすべてを思い出していました。彼女の名は「ゆな」。私とは双子の兄妹です。「ゆな」は彼女の魂たちの集合意識体の総称であり、「金星人のゆな」「地底人のゆな」「表の世界のゆな」「○○星人のゆな」……と数多くの「ゆな」がこの宇宙に同時に生きています。それは平行次元の話ではなく、時空間も次元も超越したワンネスの宇宙に生きている「ゆな」という集合意識体でした。

私と双子ということは、私も同じ超次元のワンネスの宇宙に生きる「ゆな」の集合意識体の分身のひとつでした。「ゆな」は私であり、私は「ゆな」でした。それは愛と同じで、それ以上はなく、それ以下もありませんでした。愛は全宇宙で最強、最大、最高であるように、「ゆな」と私も宇宙で最高の存在だったのです。

それは、この本を読んでいる「あなた」にも言えることでした。「あなた」も宇宙で最高の存在です。五次元宇宙には比較も優劣もありません。「あなた」が宇宙で最高であれば良いのです。「あなた」が愛で満たされれば、「あなた」の宇宙は愛の宇宙になります。

もし愛以外の何かを見つけたら、私にも教えてください。地底人たちも宇宙人たちも、愛以外の宇宙が見つかることをとても楽しみにしています。フィボナッチ次元宇宙には、愛以外の宇宙は見つかりませんでした。「整」の次元宇宙や「独」の次元宇宙になら、愛以外の宇宙が見つかるかもしれませんから（拙著『菩薩医学』参照）。

令和の聖徳太子は「日本」で息を潜めている！

パーティーでの会話もテレパシーです。複数の地底人たちから同時にテレパシーで話しかけられても、ちゃんとひとりひとりと会話できているのに自分でも驚きました。こちらでは地底人時代の昔話をし、あちらの地底人とは地底の世界の美しさを語りあいながら、地底の長老さまとは今の表の世界の環境状況を話しあっていました。ひとりひとりとちゃんと向きあいながら、同時に大勢と話しています。それはまるで聖徳太子になったかのような気分でした。

すかさず……**「聖徳太子さんも地底人の血が濃かったのですよ」**という声が聞こえてきました。**「聖徳太子さんをご存じですか？」**と私は声の主に話しかけました。そこには濃茶《こいちゃ》のような深緑色のオーラをまとった地底人さんが微笑んでいました。

「あれは表の世界の『日本』が大好きな集合意識体……そうあなたたち『ゆな』と同じような意識体が、地底の愛のメッセンジャーとして表の世界に聖徳太子の姿で現れたのです。聖徳太子さんのDNAの半分以上は地底人でした。だから10人でも30人でも同時に話を聞くことなど簡単にできました。そのパフォーマンスを通じて、表の日本人たちのDNAに愛を大切にするこころの種を植えつけてきました。その愛の種を開花させようと、今再び聖徳太子さんのDNAを色濃く持った地底人たちが表の世界で暮らしています。

『日本』は表の世界の中で最も陰が極まっていて、愛の波動の人たちを魔女狩りして傷つけています。愛を開花させようと勇んで『日本』へ向かった地底人たちも、散々な目に遭って命からがら逃げ帰ってきています。聖徳太子さんのDNAを持った地底人さんたちは、だからこそ今はジッと息を潜めて『日本』で暮らしています。ちょっ

とでも目立つと闇に葬られてしまうので地火明夷《ちかめいい》、艱難辛苦《かんなんしんく》に耐え忍びながら、一斉に愛の波動エネルギーを放つ時を待っています。

古の聖者たちは、表の『日本』でこれから起こる覚醒の様子を未来への預言書《よげんしょ》として経典に書き残しました。『地湧《じゆう》の菩薩《ぼさつ》』がキーワードです。地湧の菩薩とは、聖徳太子さんのＤＮＡを持った地底人たちのことです。色とりどりの美しい宝石の環《わ》に幾重にも包まれた宝塔とは、私たちの五次元波動の乗り物のことです。表の人たちに鈴の音に聞こえたのは、五次元波動エネルギーが放つ愛の波動音です。

その時が来れば、地火明夷していた地底人たちが一斉に立ち上がって、宝塔を誘導してくれることになっています。闇に染まった人たち、闇が好きな人たちは、闇の中へと逃げ落ちていきます。闇から目覚めた人たちの中へ宝塔は降り立ち、表の世界と私たち地底の世界が初めて出会います。宝塔が開くと、表の人たちは強烈な五次元波動の愛のエネルギーを浴びて、またたく間に覚醒します。地湧の菩薩は、消えゆく闇に向かって告げます。『此諸菩薩。皆於是。娑婆世界之下。此界虚空中住』（これらの求法者たちは、この世界の大地の下にある中空の世界の境域に住んでいる）。

『日本』が目覚めれば、世界が目覚めます。宇宙人たちも時を同じくして光り輝く宇宙船で天から舞い降りてきます。その姿を神と崇《あが》める人たちも一気に覚醒できるでしょう。五次元化した地球意識体も、内に溜《た》めていた五次元波動エネルギーを一気に表の世界に放って、すべてを浄化して、新しい五次元世界の誕生を促します。それは古い三次元波動で汚れ傷んださなぎの殻を脱皮して、美しく輝く新しい蝶々《ちょうちょう》となって、無限の愛の宇宙へ羽ばたいていくように見えることでしょう。そこには、表も地底もひとつに和した世界が生まれています。ワクワクしてくるでしょう。このワクワクするエネルギーが、今、表の世界で艱難辛苦を耐え忍んでいる『聖徳太子』たちの気力を支えるパワーになっています」

三次元の「食べる」と五次元の「食べる」

地底人と妖精たちは、見たこともない色とりどりのキノコの料理やさまざまな果物を「**これは森のどこどこに生えていたよ**」「**これは海風が気持ちよい浜辺で採れたのだよ**」と次々に勧めてくれました。パーティーを見渡してみると、確かに料理を食べているのは私だけのようでした。私が何かを口に入れるのをどこからかジッと見つめているような気配がしていましたが、楽しい雰囲気の方が圧倒的に勝っていて、いつしかその気配も気にならなくなりました。

「みんなね、あなたが『食べる』のを見たいのよ」

向こうで銀色オーラの宇宙人さんと大笑いしながら話す妹の声が聞こえました。

「モニター映像で表の人たちが食事している光景はよく見知っていますが、実際に目の前で『食べる』行為を見てみたいのは、宇宙人も地底人も同じですからね。みんな悪気はないので、気にしないで『食べて』見せてあげてね」

そう言いながら、意識の中で妹がウィンクしたように感じました。

「本当にこちらの人たちは何も食べないのですか？　もう食べることができなくなったのでしょうか？」

そう問うと、桃色のオーラの地底人さんがテーブルから果物をいっぱいのせたお皿を持って、こちらへやってきました。

「地底人や宇宙人のDNAが濃くなるほど、食べる機能はなくなってしまいます。長老さまはまだ食べることができるはずですし、私もほら！　おいしくいただけます

よ」と言いながら、大きな柿のような果物をひと口、丸かじりして見せてくれました。桃色のオーラのちょうど喉のあたりに、うっすらと緑色が乗っかって、その緑の小さなオーラがゆっくりとみぞおちに降りていくのが見えました。胃に入った緑のオーラは、しばらくユラユラと楽しそうにダンスするかのように揺れていましたが、パッ！と眩しい光に変わって、そのまま全身に放射されて消えてしまいました。

「これが私たちが『食べた』時の消化吸収のプロセスです。食べ物はすぐに光の波動エネルギーに変容して、私たちの生命のエネルギーと合一します。

表の人たちと違うところは、表の人たちは食べ物を自分で消化吸収しますが、私たちは食べ物の方から進んで光の波動エネルギーに変容してくれます。私たちの生命エネルギーと合一することが、食べ物となったキノコや果物たちの無上の喜びだからです。

キノコや果物たちひとつひとつに意識も意志もあります。今日、ここに集められた食べ物たちはみんな、『今夜の歓迎パーティーの食材にしてください』と妖精たちに話しかけてきたものばかりです。みんな、あなたや私たちの生命エネルギーと合一したい！　と思ってくれたものばかりです。あまりに希望者が多かったので、『また今度ね』と今夜のパーティーはあきらめてもらったキノコや果物たちも多かったのですよ。みんな、あなたとひとつになることで、あなたの知識と経験を自分のものとして味わいたかったのです。それは、私たちも同じです。

あなたたちは、とてもユニークで『波瀾《はらん》万丈？』な体験を表の世界でやってきたでしょう。その体験談と得られた智恵をぜひみんなと一緒に分かちあってくださいね。今夜、ここに集まった食材たちは、どれも意識の波動が飛び抜けて高いものたちばかりですから、あなたに食べていただくと、あなたの波動を一気に高めてくれます。明日になれば、もうあなたは地底人や宇宙人と同じ光り輝く五次元波動の人に戻っていますよ。楽しみでしょう？　さぁ、だから、どんどんお食べなさい」

これは夢の中のお話ですから、いくらでも食べられます。確かに食べれば食べるほど、意識が冴え渡ってきて、地底人や宇宙人たちとの会話もスムーズになってきました。忘れていた遠い昔の記憶たちも次々に蘇《よみがえ》ってくるのが感じ取れます。三次元世界では未知だった宇宙のさまざまな知識も、神々の智恵も、昔から当たり前のように知っていたかのようにフッと意識の中に蘇ってきました。

「ふふふ、ちょっとした覚醒剤のようでしょう？」とすかさず妹が突っ込んできました。

空中遊泳で夜空の散歩へ！

もう今の私は、さっきまでの表の世界から来たお客さまではありませんでした。この地底の世界にも、宇宙のさまざまな世界にも暮らしていた私自身に戻っていました。私のまわりにも妹と同じ金色のオーラが眩しく広がっていました。

「あっ！　浮かんだ！　浮かんだ！」と妖精たちが私のまわりを嬉しそうに輪になって回っています。確かに私の足は床から数センチ浮かんでいました。部屋中のみんなが私を見て、**「ほら、ほら、始まるよ」**と笑っています。**「何が始まるの？」**と問いかけても、みんな笑っているだけです。

私の足はどんどん床から離れていきます。10センチ、30センチ、1メートル……この部屋は、地底人の身長に合わせてとても高くなっているので、1メートル浮いても、やっと地底人や宇宙人たちと肩を並べるほどにしかなりません。私は綱渡りをしているかのようにユラユラと揺れながら立っていましたが、とうとうクルッと転倒してしまいました。「あぁ、落ちる！」と身構えましたが……体は横向きになったまま、同じ高さで浮かんでいました。みんな、大笑いしています。

「ね、楽しいでしょう？　せっかくだから、そのまま泳いでみて！」と妹の声がしました。

「ほら！　こんな感じで！」と言いながら、妹がクロールをしながら私の方へ空中遊泳してきました。そして私の横まで来ると、水泳のターンのようにグルッと一回転して見せてくれました。

「なるほど、これはさっき空を飛んだ時の要領だな」と気づくと、私は平泳ぎをしてみました。空中で空気しかないはずなのに、手で空をかくとフワッとした何かの抵抗を感じます。それは水の抵抗ほど物質的ではなく、強い氣のエネルギー体に触れた時のような、少しチリチリした抵抗でした。でも、今の私にはちゃんとその氣のエネルギー体をかいて進むことができます……これも以前は当たり前だった智恵と経験のように感じました。

「そう！　その調子！　やっぱりお兄さんは上手だね」と茶化されながら空中遊泳を

楽しみました。慣れてくると一回転ターンも簡単にできましたし、空中に立つことも平気でできるようになりました。

「ねぇ、皆さん！　一緒に夜空の散歩に行きましょうよ！」

妹のひと言で、パーティーに集まったみんな、もちろん妖精たちも、一斉に宙へと浮かんで大きな天窓から夜空へと飛び出していきました。

「これからが本当のパーティーの始まりだよ！」と妖精たちも楽しそうです。

長老さまがパン！　と手を打つと、金色の大きな満月が昇ってきました。みんな手を繋いで満月に向かって飛んでいきます。みんなの色とりどりのオーラがたなびいて、下界の町へキラキラ美しく輝きながら降っていきます。

町の人たちもその美しさに応えるように、家々に色とりどりの明かりを灯してくれています。町が錦織のように彩られていて、その向こうの鏡のような海には金色の満月が浮かんでいます。まるでこの地底の世界には、満月がふたつあるかのようです。天空を見上げると、町の錦の明かりたちを写し取ったかのような星々が広がっていました。

「夜はね、表の地球の裏側の面も夜空になっているのよ」と妹が教えてくれました。

今の私には、それも当たり前の知識のひとつなのですが、表の世界の人たちには到底理解しがたいことだと思います。

「そう！　美しければ、それで良いのよ！」と妹と一緒に地球自身も笑ったように感じました。

闇ボスの正体

私たちはピーターパンのように夜空を自由自在に飛び回りました。妖精たちは宇宙人たちと鬼ごっこをしています。長老さまはオーラのポケットからリンゴのような果物を取り出して、おいしそうにかじりながら飛んでいます。縁日の焼きそばのように、キノコのソテーをお箸で上手に食べながら飛んでいる、ちょっと小柄な宇宙人さんもいました。

「あの食いしん坊な宇宙人さんは『闇ボス』さんですよ。あなたのいた三次元世界の闇を統括して闇のパワーを発揮する実動部隊のボスさんですね。妹さんのおかげで闇

の呪縛が解けて、今では神々の世界にも、この地底の世界にも、宇宙人さんたちの世界にも、どこにでも現れてエンターテインメントを発揮してくれる楽しいボスさんです」とクルクルとみんなのまわりを大きく旋回しながら飛んできた銀色の宇宙人さんが教えてくれました。闇ボスさんへ意識を向けると、すぐに気づいてスッと近づいてきました。

「おう、兄ちゃん！　久しぶりだね、オレ様のことを忘れてはいないだろうな。ずっとあんたの一番大切な人を守ってきてやったんだからな。いやぁ、あの表の『ゆな』には手が焼けるぜ。オレ様が目を離すと、すぐにどん底に落ちてしまうのだからな。まぁ、オレ様がちゃんと守ってやっているから、大事には至らないで済んでいるんだけどな。あんたもちゃんとオレ様に感謝するんだぜ。オレ様なしには表の闇から抜けることはできないのだからな。それにしてもこのキノコはうまいな。あんたのおかげで、久しぶりにおいしいものにありつけたぜ。これからもちょくちょくパーティーを開いてくれよな。いつでも駆けつけるぜ。そうだ、闇と向きあう時はオレ様にも声をかけるんだぜ。何と言ってもオレ様は闇のボスだからな。闇の神さまだって、オレ様なしには闇のパワーを発揮することはできないのだからな。闇はオレ様次第！　って

わけよ！　これ、おかわり欲しいな。そこのかわいい妖精ちゃん！　キノコのおかわり、出してくれるかな」

そう言いながら、闇ボスは鬼ごっこで夢中の妖精たちを追いかけていってしまいました。

〝地底の母〟との再会

「**月の光は良いわね。忘れていた思い出が次々と蘇ってくるもの……**」とても懐かしい声がして、振り向くと金色のオーラがひときわ美しい女性が静かに浮かんでいました。意識を合わせた瞬間に、その方が私たち双子のお母さんだと気づきました。

「**さぁ、こっちへいらっしゃい。よく帰ってきてくれましたね。おかえりなさい**」と言いながら、私を抱きしめてくれました。

私の金色のオーラがビッグバンしたかのように眩しく大きく広がって、夜空が昼間のように明るくなりました。みんなが一斉に私たちを祝福して拍手してくれています。

「お母さん……」

その後は、もう言葉になりませんでした。銀色の満月の光が、生まれた時のこと、幼い頃の金星での暮らしのこと、ちょっとお兄ちゃんらしくなった地底の世界での暮らしのこと、妹と宇宙へ旅立つ日のこと、宇宙の冒険旅行の折々に帰ってきては、母に土産話をして喜んでもらえたこと……

「この前に会ったのは、あなたたちが表の地球世界へと降りていくと決めた時でしたね」と母は懐かしそうに言いました。あの時、本当は「そんな危ないことはやめておきなさい」と母の意識体は言っていましたが、私たちは「大丈夫、必ずやり遂げてみせますから」と言って、この表の地球に降りてきてしまったのでした。案の定、妹は、表の地球の「ゆな」と地底人の「ゆな」と金星人の「ゆな」に意識体を分身しなければ、とうてい乗り越えられない苦悩に身もだえすることになってしまいました。

「それは最初からわかっていたことでしょう。あなたたちはとてもよくがんばってくれていますよ。そのおかげで、表の世界に伝えたいさまざまな知識と医術を伝え残すことができましたからね。あなたたちが降りていった目的は、もうすべて果たされました。本当にふたりとも、よくがんばりましたね。『ゆな』は元々分身の術が得意で

したし、あなたは宇宙の医術を得意としていましたから、ふたりともぴったりのお役目でした。

あなたがたのおかげで、神々の世界と龍神たちの空と無の世界がワンネスとなれましたし、ゼロ次元との行き来もとても簡単になりました。八次元宇宙と五次元宇宙の壁もどんどん薄くなってきたので、龍神たちの中には、すでに次元上昇して八次元化できたものも現れました。これからは六次元の神々もきっと八次元へ次々と次元上昇していくことでしょう。そのポータルを開いたのが我が子たちなので、私は嬉しくて仕方ありません。本当に素晴らしい仕事ができましたね。

もう次元宇宙規模でのすべての次元上昇が始まってしまったので、あなたたちはそろそろ第一線から退いて、地底の世界でも金星の世界でもよいので、しばらく骨休めをした方がよいでしょう。いつでも私たちは大歓迎しますからね。帰ってきたくなったら、この母のもとへ帰ってきてくださいね」

「お母さまはいつも優しいね」と妹が涙目で呟《つぶや》いているのがテレパシーで伝わってきました。

地底の「眠る夜」「眠らない夜」

私たちは、母の慈愛で満ちた温かな羊水の中を泳いでいるように感じていました。天空から深い安らぎのベールが降りてきて、私たちを夜の眠りへと誘いました。ひとり、またひとりとお別れの挨拶をすると静かに町へ降りていきます。私と妹は手を繋いで夜空に浮かびながら、みんなが家路へと降りていくのを見守っていました。町の明かりが静かに消えていきます。私たちは月の光の上に浮かんだまま、再会の喜びと感謝を心ゆくまで味わっていました。

「**地底の人たちも夜は眠るのだね**」と尋ねると、「**本当は眠らなくても大丈夫なのですよ**」と彼女は笑いました。

「**ただ、今夜のような楽しいイベントがあった夜は、そのまま眠りにつく方が幸せに浸れるでしょう。地底人は、愛してる、楽しい、嬉しい、美しい、幸せ、という感性を大切にして暮らしているので、パーティーの余韻も味わいつくしちゃうの。自主映**

画の監督兼主役みたいな気持ちでいるから、何が一番美しくて幸せか？　をイメージしたら、みんな『帰って静かに休む』になったのね。『二人っきりにしてあげよう』という気持ちも感じられるでしょう。私たちはもう少しお月さまと一緒に浮かんでいましょう」

「眠らない夜は、皆さん、どのように過ごしているの？」

「そうね、表の人たちのように、本を読んだり、TVを見たり、ネットをしたりは……そういうものは、こちらの世界ではありませんからね。夜しか現れない動物たちとおしゃべりしに森や海へ行ったり、編み物をしたり、絵を描いたり、陶芸をしたり……しているかな。こちらの世界では、想念すれば何でも具現化できちゃうでしょう。だから、手作りのものが最高のプレゼントになるのですよ。愛と感謝と喜びのエネルギーを込めながら、ゆっくりと手作りするのがみんな、大好きです。

表の世界には、ケーキやお菓子などの食べ物のプレゼントがあるけれど、こちらの世界では食べ物はプレゼントにならないでしょう。お花はプレゼントするわよ。野原や森でお花を摘んできて、お花の精にメッセージを託すの。そのお花たちを花束にして手渡すとね、お花の精がちゃんとメッセージを伝えてくれるのよ。普段はテレパシーでお話ししているからこそ、花束のメッセージはとても喜ばれるわよ。

表の世界にはお金があるでしょう。こちらの世界にはお金はないの。お金で売り買いするという習慣はないけど、不便だと思ったこともないわ。『欲しい』という感覚は、私たちにはないなぁ。必要だと思えば、すぐに具現化できちゃうからね。ほら、こうやって夜空に浮かんでいるのだってイメージの具現化でしょう。表の人たちが夢見る『想いが叶う世界』が私たちの世界ですね」

宇宙船の作り方

夜空の彼方へキラキラ星がひとつ、駆け上がっていきました。それは金星へ向かう宇宙船でした。

「私たちは、例えば家を作るくらいなら、ひとりの想念の力でできます。もっと大きいもの、例えば宇宙船だとか、森や野原などは、みんなで集まって作ります。宇宙船を作る時には、まずさまざまな専門知識を集まった人たちひとりひとりが自分の知識箱にダウンロードします。

私たちの中にも特に宇宙船が好きな人がいるので、その人を中心にして、みんなの想念をひとつに合わせて、ちょっと念じるように宇宙船の知識に向けて具現化力を発揮すれば……そう、普通の宇宙船なら半日ほどで、大型の宇宙船でも数日で完成できます。

これは表の世界にはまだ内緒だけどね、最近はね、私たち地底の世界でも、表の人たちを救い出すための宇宙船作りが盛んになってきているの。昔は大型の宇宙船なんて作ったことなどなかったのに、最近はとても大きな宇宙船を何隻も作って、いつでも飛び立てるようにスタンバイさせていますもの。

この前はね、町中の人たちが総出で大型の宇宙船を作りました。さすがにあれは大きかったなぁ。この地底の世界は五次元波動だから、作った宇宙船も五次元波動ですが、あれが表の三次元波動の世界に行くと、私が見た大きさの数百倍？　になるはずですからね。あれ一隻のホログラム・ドームで、そう、お兄ちゃんが暮らしていた日本の半分が丸ごと入っちゃう、と言われてましたよ。

長老さまに『なぜ半分なの？　どうせなら全部入る大型船にすれば、一度で済むの

SPACE SHIP
LOVE

に？』とお尋ねしたらね、『半分でちょうどなのじゃよ』とちょっと悲しげにおっしゃったの。『ふーん』と首をかしげていたら、すかさず闇ボスさんが『ゆなさん、気にしない、気にしない。なるようになりますよ』とおどけてくれたので、もう気にならなくなっちゃったけどね。あの大型船を、今度、見学に行きましょうね」

「遠くの宇宙に行ける宇宙船も、みんなの想念で作っちゃうのですか？」

「うん、金星や木星、土星……太陽系の中を飛ぶ宇宙船なら、みんなで作れますよ。私が金星に遊びに行く時に使う宇宙船は、この町の人たちが作ってくれたましたからね。私の宇宙船も、今度、見せてあげますね。私のオリジナルなイメージで作った宇宙船は宇宙一美しいって、みんな褒めてくれるの。宇宙人さんたちの宇宙船よりも、ちょっとスピードは遅いですが、それがまた私たち地底人には快適なスピードなの」

「金星まで、どれくらいかかるの？」

「私の宇宙船で朝ここを出れば、昼前には金星に着いていますよ。宇宙人さんの宇宙船なら、あっという間に到着できます」

「遠くの宇宙に行く時はどうするの？」

「遠くの宇宙……この銀河系の中を行き来するくらいなら、宇宙人さんたちが乗ってきた宇宙船に便乗させてもらいます。宇宙人さんたちとは、みんな仲良しだから、快く乗せてくれますよ。表の世界から見える月には、宇宙人さんたちの宇宙船の大きな港があるの。だから自分の宇宙船で月まで行って、そこで宇宙人さんの宇宙船に乗せてもらうこともよくありますよ。

もっと遠くの宇宙……他の銀河系に行く時は、月の港に目的の銀河へ行く宇宙船があるかどうか調べて、あればそれに乗せてもらいます。金星はこの太陽系の代表港だし、銀河系のポータルもあるから、金星から宇宙人さんの宇宙船に乗ることの方が多いですね。

金星は楽しいですよ。ものすごい数の宇宙人さんたちが来ていますからね。表の世界の大きな国際空港のような感じです。何も知らない表の世界の人が金星に行ったら、ショックのあまり気絶しちゃうかも……宇宙人さんたちって、とってもユニークな姿に見えますからね。金星にも一緒に行ってみましょうね、ある意味、里帰りですものね。

宇宙人さんたちの銀河を越えて旅できる宇宙船のパワーはすごいですよ。地底人の私たちだって、自分の重力子体を意識的に強く大きくしないと時空間を超越して飛ぶパワーに負けてしまって、グラングランする宇宙酔いになってしまいますからね。私も宇宙酔いになる度に、『もう肉体を脱いでしまおうかなぁ』と迷ってしまいますもの。ただね、肉体を着たまま行きたい星、体験したいイベントがあるから、わざわざ宇宙船に乗って旅するわけで、意識体だけで行くのなら、この地底の世界にいるままで、どこの宇宙にでも意識体を飛ばして繋げることはできますから。まぁ、あまり遠くの銀河だと意識体もヘロヘロになってしまいますから、あまりやりたいとは思いませんが」

そう言いながら、妹は本当に楽しそうでした。

愛しあうふたりの光の繭

「明日からのお楽しみがいっぱいありますね。もうワクワクで眠れないでしょう？でも、そろそろ私たちも戻りましょうか」

妹は私の手を引いて、ゆっくりと町へと降りていきました。私は、ある家の上空で美しいピンク色の光に包まれた繭が浮かんでいるのが目に留まりました。町をよく見渡すと、他にも同じような光の繭たちが見えます。

「今夜は満月だからね」と妹はニコッと笑いました。

光の繭たちは、そのピンク色の光がゆっくりと波打つように強弱を繰り返しています。ピンク色も鮮やかになったり薄らいだり、赤く染まったり金色を帯びたりしながら、まるで繭そのものが生きもののように揺らいでいます。その光の揺らぎは、とても楽しげに見えます。どの繭からも、愛おしさの波動があふれ出てきていました。

「あの繭の中で、愛しあうふたりが今、まぐ愛《あ》っているのですよ。とても美しい愛の波動でしょう？　肉体は家の中で、意識体は繭の中で、愛しあいながら、ひとつの美しい愛になろうとしています。これも想念の具現化のひとつの表現ですよ。

この地底の世界にも、広い宇宙にも、五次元波動の愛しかありませんが、愛は無尽蔵で、無限の姿形をしています。愛には終わりの答えはありません。愛しかない宇宙って三次元世界の人たちには考えられないかもしれませんが、愛だけがあれば、永遠に愛を味わい続けることができます。愛に飽きた？　なんてバカげたことを言う人は、五次元宇宙にはいませんよ。ほら、私たちだって……」と言いながら、妹と繋いだ手から、今まで感じたことのないくらいの強く、温かく、柔らかくて穏やかに安らげる愛の波動が流れ込んできました。

「あぁ、これが五次元の愛の波動かぁ」と愛に包まれながら、妹との数々の愛の人生が私の中に蘇ってきました。私と妹とは、魂レベルでは金星の双子の兄妹ですが、この地底の世界や表の世界で肉体を持って生きていた時には、何度も男女を選んで愛しあってきました。

「私は本当はもっと親子や同性の兄弟をしてみたかったのに、あなたはいつも『男女にして』とダダをこねるでしょう。まぁ、そういう私もあなたのことが大好きだから、やっぱり今回も男女にしましょうね、と許してしまうのですけどね。

今回はさすがに表の地球への転生も最終回だから、ふたりの出会いもできる限り遅くして、それぞれの三次元世界でのお役目をしっかりと果たせるようにしましたよね。私はあなた以外の誰にも治せない奇病になってあなたの前に現れて、あなたを右往左往させながら、さまざまな奇想天外な療法を編み出して一歩一歩、宇宙一の医師になっていくストーリーも、いよいよ最終章を迎えましたね。三次元の表の世界に数々の五次元宇宙の智恵を書いた本を残すことができて、本当にふたりでよくがんばってきました。

私たちのように二人三脚で、三次元世界に『何か』のインパクトを与えるお役目の人たちが、これから急増してきます。魂のタネはいっぱい三次元世界に蒔《ま》かれていますし、もう発芽してつぼみをつけた魂たちもよく見かけるようになりました。ここまでが私たちのお役目でした。

これからは愛しあうふたりの人間に戻って、それはわずかの時間しか残っていないかもしれませんが、表の世界で愛しあいながら、日々を楽しんでいくことにしましょう。私たちはもういつでもこの地底の世界へも、金星の故郷へも戻ってくることができます。それは肉体を持ってでも、魂だけになってでも、たいした差はありません。私は私、あなたはあなた。そしてふたりはいつも愛しあっている。ただそれだけですべての宇宙は私たちの手の中にあるのですから」

繭たちが太陽よりも輝いて破裂して、中から光の神さまの化身のような眩しい珠が夜空の果てに向かって駆け上がっていきました。

「地底の流れ星は、下から上へと流れるのよ。私たちの町の人たちはみんな、あの流れ星になりたくて、この町に夜が来ることを選んだの。だから、夜のない暮らしを選んだ他の町の人たちも時々、夜を求めてこの町にやってくるわ。まぐ愛《あい》たい宇宙人さんや神さまたちもね。この町は、地底で最も愛に満ちあふれた町かもしれませんよ。愛しかない町ってステキでしょう」

そう言いながら、ふたりは妹の家に降り立ちました。誰もいなくなった広間で妹と抱きあっていると、私たちのまわりにも光の繭がうっすらと現れてきました。

「さすがですね。もうまぐ愛のコツも思い出しちゃったかな？　でも、もう今夜は静かに休みましょう。私はずっとお兄ちゃんのそばにいますから、いつでもまぐ愛えますからね」

神さまがマネできない「涙」

光の繭から甘い愛の香りがしてきました。ハグしている妹もとろけるような甘い香りがしています。

「お兄ちゃん、たくさん汗をかいたからシャワーを浴びなきゃって思ったでしょう？

ふふふ、大丈夫ですよ。お兄ちゃんも甘い香りがしていますからね」

鼻をクンクンとしながら妹が教えてくれました。

「地底の人たちも宇宙人さんたちも、シャワーを浴びる習慣はありません。地底にも金星や他の星にも、とてもステキな温泉がたくさんあって、みんな温泉を楽しむのが大好きです。でもシャワーで身体を洗い流す必要はないのです。

表の人たちは、まだ身体の新陳代謝が未熟だから、皮脂やケラチンが垢《あか》となってしまうけれど、私たち地底人や宇宙人の五次元波動の肌には垢はつきません。肌の細胞は、自身の自浄力と蘇生力だけで完璧な新陳代謝サイクルを営んでいるので、不要な排泄《はいせつ》物は出ないのです。

これは私たちの身体全体にも言えることで、地底人も宇宙人も老廃物の排泄はしません。つまり……表の生き物たちのように、オシッコやウンチをする習慣はもうなくなっています。だからといって、消化器官が退化しているわけではありません。退化ではなく『進化』ですね。私たちの五次元波動の消化器官も本来の役目に目覚めて、身体という宇宙の中で、自由にあるがままに活躍することを楽しんでいます。それは、表の医学にあった陰陽五行が大進化して、次元宇宙たちをも取り込んだ形ですが、今すぐにそれを理解するのはムリですから、これからの折々にお薬師さまや医神さまに教えていただきましょう。

私たち地底人に残っている排泄は涙と汗です。汗にももう体温調節や老廃物の排泄作用はありません。体温などのホメオスターシスは、汗のような対症療法的作用に依存するのではなく、根源的に体温の発生部位に働いているので、どんな環境下でも体温はほぼ一定を保っています。

表の人たちが汗をかくのは、一生懸命に何かをしているアピールでしょう。仕事やスポーツ、セックスをいかにも『がんばっている』アピールが汗の役目だったでしょう？

私たちは楽しむために汗をかきます。温泉や真夏モードの浜辺が主かな。ちょっと顔を赤らめて汗をかきながら温泉に浸《つ》かっていると、自分もまわりの人たちも温泉の心地よさと喜びと感謝が倍増しますからね。最近では、本来は汗をかけない神さまたちも、私たちのマネをして汗かきを具現化してますよ。みんながポッと顔を赤らめて温泉を楽しんでいると、それだけで宇宙が幸せになりますからね。

それ以上に素晴らしいのは涙です。私たちは普段からテレパシーでお話ししているでしょう。こころの中に湧き起こってきた感情も、瞬時に読み取られてしまいます。龍神たちや神さまたちには、自分自身の感情に気がつく前に先読みされてしまうことだってしばしばですからね。

涙はテレパシーでは読めません。湧き起こってきた感情が極自然に流してくれるのが涙ですから、とてもアナログ的な反応です。でも、だからこそ龍神たちや神さまたちは大感激してくれます。たゆたう想念の具現化の流れに突如現れた涙は、星々が瞬く天空にスッと現れて消えていく流れ星を見た時のように感動してしまいます。

涙には美があります。感謝も喜びもあります。涙は愛そのものです。だからこそ、私たちは涙を大切にしてきました。こればかりは神さまたちもマネできません。『涙は宇宙の神聖なる宝物です』と神々も宇宙もおっしゃっています」

そう言う妹の目にも涙が光っていました。「ほら」と言いながら、妹が涙をそっと指に乗せて……天空へと投げ上げました。天井がパッと透けると同時に、夜空を桃色の流れ星がサッと走り抜けていくのが見えました。

「あの流れ星は、観音さまの世界へと帰っていったのよ」

妹のこれまでの心配や不安がすっかり浄化されて、今はただ愛の喜びの中にいることがわかりました。

夢の浄化　～ツインソウルのトラウマ～

地底の夜は穏やかに過ぎていきます。お月さまの光が丸い天窓から射し込んでいます。

「お月さまの光は静けさの光です。身体の波動の乱れを鎮めてくれます。こころのざわめきも、魂の疲れも鎮めてくれます。『地底のお月さまの光は、波動の妙薬として太古の昔から重宝されてきたんだよ』とお薬師さまもおっしゃっていました。

この地底の世界には『薬』はほとんどありませんが、このお月さまの光のように、天地自然のさまざまな愛の波動が『薬』として代々受け継がれてきています。お兄ちゃんも今夜は私と一緒に月光浴をしながら休みましょうね。遠路はるばる戻ってきたのですから、まずは疲れの波動を整えなくてはね」

「地底の人たちは夢を見るのですか？」

「私たち地底人の中には、表の世界にひとり、ツインソウルを持っている人がいます。表の世界では、がんばればがんばるほどひどいトラウマに苦しめられてしまいます。こころがズタズタに傷ついて、もうこれ以上は耐えられなくなりそうな時、私たちは夢を通じてツインソウルのトラウマを癒やしたり、こころに溜まった毒を浄化してあげます。私たちも表で生きるツインソウルが被《こうむ》ったトラウマやこころの毒を共有して、一緒に涙を流します。これは太古の昔から『夢の浄化』と呼ばれてきました。

私たちはトラウマや毒を被っても、この地底の世界にあふれている愛のエネルギーで簡単に浄化できます。ちょっと疲れたら、地底の温泉に行けば良いだけですしね。

夢から覚めた時、表の人たちのトラウマや毒は半減しているはずです。本当は朝、目覚めた時、身もこころも楽になっているはずなのですが、表の人たちの悪いクセで、つい『昨日と同じ自分』を創造してしまうので病も不運不幸も克服できません。だからこそ、そこに気づいた瞬間に、すべてが変わる醍醐味《だいごみ》が味わえます。私たちは自分のツインソウルにも、その醍醐味をぜひ味わってもらいたいと願いながら、地底の世界からいつも見守っています。

私たちが表のツインソウルと共に涙を流している夜は、浄化されたトラウマや毒は最後は光の水となって排泄されます。私たちは普段はもう排尿しませんが、『夢の浄化』の夜だけは頻回に尿意を催します。それは表のツインソウルも同じです。表の三次元肉体では排尿ですが、私たち地底人には『光の水』の排泄です。それは小さくキラキラと輝く光の粒がスノーボールのように舞っていて、とても美しい水です。この光の水も万病平癒の妙薬となります。若返りの妙薬でもありますが、地底人や宇宙人でそんな妙薬を使う人は誰もいませんので、光の水は朝、海か地底の温泉に感謝と共に注ぐことにしています。

でも今宵は特別。お兄ちゃんのためにベッドのお布団に光の水をいっぱい振りかけておきましたからね。明日の朝、若返ったお兄ちゃんを見るのが楽しみです」

そう言いながら、妹はまん丸の月光が照らしてくれているハンモックのようなベッドに誘ってくれました。アケビのような形をしたベッドに滑り込んで、妹と向きあうと、母の子宮に戻ったような深い安心と安らぎに包まれました。まるで温かい羊水に浮かんでいるようで、疲れも心配もゆるゆると溶け出していくのがわかりました。

三次元世界のどん底から五次元への目覚め

もう妹は寝息を立てています。その寝顔を見ていると、この宇宙が誕生して以来の妹との大冒険が思い出されてきました。本当にいろいろなことがありました。そして、いつもどこかでこうやって安心しきって眠る妹の寝顔を見てきた覚えがあります。それは私の時空を超越した幸せと豊かさであり、ふたりの愛そのものでした。

「これが五次元への目覚めだな。これをみんなに伝えたらいいのだね」

もう三次元世界でのどん底など、取るに足らないちっぽけな心配になってしまいました。三次元世界の難病も奇病も、死病でさえも、私とは何なのか？　私はなぜ生まれ、なぜ生きているのか？　を思い出せば、幸せと豊かさと愛が病苦を消し去ってくれます。

地底の世界にも、宇宙人たちにも、病がない理由がわかりました。

私も森羅万象の一員でした。私も自分の宇宙の中心にあって、自分の宇宙の創造主でした。三次元世界での苦悩を楽しむために、その苦悩から何かを学ぶために、自分の宇宙の中にこの三次元世界を創造したのでした。どん底も病苦も、創造主である自分の予定通りに事が進んでいるだけです。

いつでも気づいて、この人生ゲームを終えることができます。いつでもあきらめて、この人生ゲームを振り出しに戻すこともできます。もうちょっとの間、苦悩を楽しむこともできます。すべては自分次第でした。そこに神々や宇宙が介入してくることはありません。ただ静かに見守ってくれているだけです。なぜなら、神々も宇宙も「私」なのだから。

「どんな病も何かに気づいてほしい、と言っています。その病の声に耳を傾ければ、病苦は軽くなります。病に笑顔で感謝して、病を喜びと共に受け入れることができれば、病は消えてしまいます。この地底の人たちも宇宙人たちも、それを当たり前のようにやっています。だから、ここには病は生まれないのです」

いつの間にかスヤスヤと眠る妹の頭上に現れた、金色のオーラが美しい仏さまがおっしゃいました。

「私はこの娘の守護神です。彼女は『観音さま』と呼んでくれています。これからは

あなたの意識の中にも現れることにしましょう。私の声を多くの人たちに伝えてください。それがあなたの表の世界での天命のひとつですから」

妹が「お兄ちゃん」と寝言を言いながら微笑みました。それは正しく観音さまの微笑みでした。そしてそのまま私の意識も観音さまの世界へと引き込まれていきました。

完全にコントロールされている地底世界の天気

翌日の日の出を迎えました。

この地底の町で見る初めての朝日です。私は妹と一緒に港へと歩いていきました。海の彼方が曙に染まっていくのは、表の地球と同じでした。やがて真っ赤な太陽が紺碧《こんぺき》の海を赤く染めていきます。

太陽の大きさは、表の世界で見る太陽よりも小さく感じましたが、その赤いエネルギーは表の太陽よりも強いかもしれません。大きく違うのは、この地底の太陽の光には、愛の波動エネルギーがとても強く感じられたことでした。太陽が昇ると、空気がブルブルと震動し始めます。それに呼応して、草木や花々、森の木々たちだけでなく、町の家々までもが、まるで太陽の愛の波動に歓喜するかのように震えるのが感じ取れました。その歓喜の震動は10分ほど続いて、潮が引くように海へと消えていきました。

「このひとときの太陽との合体で、すべての動植物たちは今日一日の生命エネルギーを受け取ってしまったのですよ。もちろん私たちもね。ほら、町を振り返ってみて。みんな家の窓から朝日を浴びていたでしょう」

確かに町の家々の窓が開いて、みんな太陽に顔を向けています。何も知らなかったら、太陽に向かって瞑想《めいそう》したり、何かを祈っているように見えるでしょう。でも実は、これが地底の人たちの一日の生命の糧だったのです。

「子供たちも同じですか？」

「子供たちは外で遊ぶことで、より多くの日の光を浴びています。地底の世界では、お天気は完全にコントロールされているので、朝日と夕日は必ず浴びることができます」

「雨はいつ降るのですか？」

「多くは夜中です。森や野原は雨をたくさん欲しがるので、多めに降らせていますし、町は心地良い程度に降ることになっています。昨夜のように何かイベントがある時には、雨は降らせません。その分、今夜の雨は少し多いかもしれませんね」

「雪は降りますか？　四季はありますか？」

「雪遊びも、みんなが大好きなイベントです。雪は木々が折れないように森には少なく、野原と町には多く降らせて、思い思いの雪遊びができるようにしています。山の木々は切りたくないので、地底の世界にはスキー場はありません。その分、表の世界で言う歩くスキーやスケートは盛んですよ。まぁ、スキーで歩くよりも、普段滑るように歩く方が速いのですが、そこはお楽しみが優先しますね。スキーやスケートを楽しむ時は、自分の重力子体のパワーを加減して、表の人たちと同じような感覚で『滑る』ことを楽しみます。

四季ももちろん取り入れています。美しいものには、みんな目がありませんからね。四季を作ってあげると、森や草花たちがとても喜んでくれます。一年中、ずっと同じ花々が咲いているよりも、春や秋といった限られた季節に一斉に咲き誇ってくれる方がワクワクしますからね。四季は、この地底の世界を美しく保つために欠くことのできないものです。

四季はありますが、気温の変動は必要最低限度に保つようにしています。夏は暑すぎず、爽やかに吹く風は豊かで湿度は低めです。午後のちょっとしたスコールも嬉しいですね。冬は気温を下げますが、風は吹かないようにしています。空気が乾きすぎないように、小雨が降るようにしています。春と秋は花々が最優先です。最も美しく咲けるように、天候を調節しています。もちろん嵐や落雷は起こしませんし、海が凍ってしまうような無茶なこともしません。嵐や落雷を体験したければ、ホログラム・センターに行けば良いだけのことですからね。

もうひとつ、大切なことをお教えしましょう。この地底の世界には四季はありますが、日の出と日の入りの時間は年中同じです。つまり表の世界のように地軸の傾きに合わせて、昼間と夜の時間が変化することは起こりません。いつも同じ時間に日の出と日の入りが起こります。私たちの地底の世界では、太陽は地球の中心にあって動きません。私たちの世界の方が地底の太陽のまわりを回っているのです。表の世界で言う『地動説』と『地球平面説』をもっと複雑にした形です。私たちの地底の世界が太陽のまわりを回っている様子を理解していただくのは、すぐには難しいかもしれません。でもそのうちに、『あっ、そうか！』と腑《ふ》に落ちるでしょうから、あまり考えす

ぎないでくださいね」

地底の海と〝表〟の海の真実　～クローンだらけの海～

お日さまがグイグイと海から昇っていきます。遠くの海からこちらへ大きなクジラさんとイルカさんたちがゆっくりと泳いできます。

「地底の海には、どんな魚たちがいるのですか？」

「地上の海にいる魚たちはすべていますよ。この地底の海には、表の海のように深い海溝はありませんが、深海魚たちは自分の重力子体を調節して、浅い海でも暮らせる体になっています。表の海で絶滅してしまった魚たちも、この地底の海で生き残って元気に暮らしていますよ。ここの海の水をちょっと味わってみましょうか」

そう言いながら、妹は私の手を引いて港を囲んでいる浜辺へと降りていきました。

「さぁ、どうぞ、めしあがれ！」

手で海水をすくって、ひと口味わってみると表の海水よりも塩辛く感じました。そのまま口に含んでいると、すぐに口の中がほんのりと温かくなってきて、わずかに甘さも感じられてきました。

「地底の海水はミネラルが豊富です。表の海水の倍はあるかもしれません。空気と同じで、海水にも宇宙の愛のエネルギーが最大限にまで溶け込んでいるので、よく味わっていると甘く感じます。その甘さが魚たちの生きるエネルギーとなります。

この地底の海の魚たちに食物連鎖はありません。小さな魚が大きな魚に食べられることはないのです。どの魚たちも、海にあふれている愛のエネルギーだけで暮らしています。酸素と一緒に愛の生命エネルギーもエラから吸収しているので、何かを食べる必要はなくなってしまいました。私たちも魚を捕らないので、ここの海の中は魚たちの楽園になっています。子孫も着実に残るので、魚たちが生む卵の数は、表の海の魚よりも桁違いに少なくなっています。そんな生態系のホメオスターシスは、地球意識体が中心となって、魚たちや海の意識体と相談しながら決めているようです。私たちにとって、魚たちは食べるものではなく、海で一緒に泳いだり遊んだりする友だちのようなものです。そう、ちょっとクジラさんたちを呼んでみましょうか」

妹は海に手を入れてテレパシーで呼びかけています。すぐに港の入口で潮が上がって大きなクジラさんとイルカさんたちが浜のすぐそばまで近づいてきてくれました。私たちが胸まで海の中へ入っていくと、イルカさんたちがテレパシーで話しかけてきました。その声は地上の妖精たちとてもよく似ていました。イルカさんたちは妹が海に手をつけた時に、その想念波動を読み取っていたので、私が誰であるか？　をよく知ってくれていました。私たちは楽しそうにはしゃいでいるイルカさんたちに囲まれて、クジラさんのところまで泳いでいきました。

「海に潜って、口をパクパクさせて海水を含んでみて！　ほら、こんな感じで！」

海に潜った妹を追って私も潜りました。妹は海の中で、まるで息をするように口をパクパクしています。私も見よう見まねでやってみると……海の中で息ができました。

「肺ではなく喉で息を吸う感じで……そう、初めてにしてはとても上手ですよ。あぁそうか！　お兄ちゃんは海が大好きだったものね。これって表の世界では『昔取った杵柄《きねづか》』って言うのでしょう？　私、お兄ちゃんの表の世界の智恵を昨夜、全部盗み取っちゃったもの」と笑いながら、妹はイルカさんたちとクルクル回って見せてくれました。

イルカさんたちは1頭ずつ私のところにもやってきては、挨拶をしていってくれます。中には、目を合わせただけで「**あっ、君のこと、知ってるよ！**」と感じるイルカさんたちもかなりの数いました。この海のイルカさんたちも海上に出て呼吸することはしません。

「**表の海のイルカたちは息を吸うためにセカセカと泳ぎ回らなければいけないから大変ですよね。どうです？　私たちはとても優雅に美しく泳いでいるでしょう？　これが私たちイルカ族の本当の姿ですよ**」と私たちとずっと海中をゆったりと泳いでいる大きなイルカさんが言いました。

「**イルカさん、あなたたちは表の海に住むイルカたちと交流はあるのですか？**」と尋ねると、大きなイルカさんが答えてくれました。

「**つい最近まで……そう、表のあなたたち人間が言う100年ほど前までは、私たちはクジラさんのお供をして、ちょくちょく表の海に出かけていました。表の海の深い深い海溝には、こちらの海と繋がる次元ポータルがあるので、そこを通れば簡単に行き来できました。次元ポータルは、表の海のスエズ運河やパナマ運河のようなものですね。波動と重力子体を調節すれば、今でも難なく行き来できます。**

表の海水では息ができないので、私たちもクジラさんも海面へ出て息をしなくては

いけません。生命エネルギーもすぐに枯渇してしまうので、次元ポータルを通る時に、こちらでは退化してしまった『食べる』機能も復活再生してから表の海に出ていきます。それはとても不便なことなので、クジラさんのお供をするお役目がある時以外には、あまり誰も表の海には行きたがりません。最近はあまりに海が汚れて危険なので、私たちイルカ族は表の海へは行かないことにしています。

最近、表の海を泳いでいるイルカたちは、こちらの宇宙人たちが私たちイルカに化けて、表の三次元世界のスリルを楽しんだり、五次元波動へ誘う役目を担っていることがほとんどです。今では表の海を泳いでいるイルカたちは、宇宙人とその調査用クローンばかりになってしまいました。まぁ、あそこまで汚れた海ですから、この地底の海で暮らしている私たちが泳ぐには、あまりに過酷すぎますからね。

長年、表の海を守ってきたクジラさんたちも続々とこちらへ逃げ帰ってきています。あやうく命を落としかけたクジラさんもいました。それはとてもあぶないところでした。こちらの海の力だけでは足りなかったので、海に生きるみんなの想念を合わせて、しばらくお日さまの中に預かっていただいて、ようやく回復できたクジラさんもいました。

クジラさんがみんな、こちらへ帰ってきてしまうと、表の海は気を失ってしまいます。表の人たちは、表の海が丸い地球からこぼれ出ないのは引力があるからだ、と思っているでしょう？　表の海にも地底の海にも、海という大きな意識があります。地底の海の意識はとてもしっかりしているので、毎日繰り返される地底の大地と海の複雑な動きにもちゃんとついてきてくれています。この地底の海がいつも穏やかで愛の生命エネルギーが満ちあふれているのも、地底の海が見守ってくれているおかげです。

表の海が気を失ってしまうと……水がいっぱい入ったお茶碗を傾けたり、逆さまにしたりしたかのようなことが表の海に起こってしまいます。そうなれば、また表の世界は一からやり直しですね。『これで6回目だ』とクジラの長老さまが寂しそうに呟いていましたからね。

表の海が気を失うと表の世界だけでなく、この地球全体のホメオスタシスも影響を受けます。表に突き出た火山たちが一斉に爆発するでしょうし、陸地は大地震と共に『海は山となり、山は海となる』古の予言がまた起こってしまいます。表の海が支えてくれていた空と星が次々と落ちてくるでしょう。この地底の世界は、表の世界が落ちてくる星々をすべて受けとめてくれるので安心していられますが、表の人たちは、とても地底に逃げてくる時間などないし、どこに逃げるつもりなのでしょう？　宇宙人さんたちだって、もう助けてくれませんからね。やっぱりまた全滅しちゃうのかな？　でもね、また一から新しい世界を表に創ることができると思うとワクワクしてきちゃいます。これはこの海の生きものたちだけでなく、地球も海や陸や空も、宇宙人さんや地底人さんたちも、みんなが最近、抱いている正直な気持ちなのですけどね」

大きなクジラさんが近寄ってきて、「イルカの長老さん、お喋《しゃべ》りもほどほどにね。あまり表の方を怖がらせてはいけませんよ」と鼻先で大きなイルカさんのお腹をトントンと突きました。

龍宮城で見た地球の末路

「さぁ、おふたりさん、私の背中に乗ってください」

私たちが背中に乗ると、クジラさんの藍色のオーラが広がってきて、海水を押しのけて広い空間ができました。そこは清々《すがすが》しい空気も広がっていて、私たちは大きく深呼吸してクジラさんの背中に座りました。

「クジラの長老さま、お久しぶりです。お元気でしたか？」

「ゆなさん、よく来てくれました。この方がお兄ちゃんですね。初めまして。この海を楽しんでいってくださいね」

そう言いながら、クジラの長老さまが高く潮を吹くと、お日さまが待っていたかのように光の束を差し向けてくれて、クジラの長老さまの上にとても美しい虹ができました。近くにいたクジラさんたちも一斉に潮を吹いて、それが次々と虹を生み出しています。海の上が虹でいっぱいになると、町の方から大歓声が聞こえてきました。クジラの長老さまの喜びの声が私たちにも伝わってきました。

クジラの長老さまは、私たちを乗せたまま海に潜っていきました。それはまるで大きな潜水艦に乗って海底旅行しているかのようでした。他のクジラさんたちもイルカさんたちも、後に従ってきます。

地底の海はとても美しく澄んでいるので、お日さまの光がチラチラと深海まで届いていました。深海にもたくさんの魚たちが暮らしていました。私たちが近づいても、道を空けてくれるだけで決して逃げようとはしません。悠々と自由自在に暮らしているのが見て取れました。

「海に触ってごらんなさい」とクジラの長老さまに言われて、私は手を伸ばしてオーラ越しに海に触れてみました。すると海が何か言っているような気がしました。

「この海もあなたたちを歓迎してくれていますよ。海とお話ししてみてください」

意識を手のひらから海へと向けると、海の集合意識体の声がはっきりと聞こえてきました。

「ふたりとも、よく帰ってきてくれましたね。おかえりなさい！　お兄さんの方はまだ記憶が戻っていないようですが、すぐに本当のご自分を思い出しますから心配は要りませんよ。これからおふたりを『龍宮城』へとご案内しますから、お楽しみに」

クジラの長老さまが大笑いしながら、グルッと一回転しました。それに合わせて他のクジラさんとイルカさんたちも楽しそうに一回転して続きます。いつしか他の魚たちも連れだって私たちの後をついてきています。私たちは巨大な魚の神さまの姿になって、龍宮城へと向かっていきました。

やがて深い海の底から、お日さまが昇ってきたかのような眩しい光で包まれた海底都市が現れました。それは昨夜過ごした地底の町と同じくらいの大きさでした。

海底都市から人魚さんたちが笑いながら泳ぎ寄ってきました。みんな美しいオーラに包まれていて、そのオーラの姿形から女性の人魚さんと男性の人魚さん、子供の人魚さんがいることがわかりました。オーラの色はひとりひとり違っていました。

「その人魚さんの個性を表しているのですよ。クローンではないので、みんな自由自在に生きながら、ひとりひとりが自分の色を誇りにしています。人魚さんも昔は表の海に遊びに出かけていましたが、表の世界の差別や優劣の意識の波動が毒矢となって突き刺さってくるので、今では誰も表の海には行かなくなりました。

本当はね、人魚さんほど大の人間好きはいないのですけどね。人魚さんもとても寂しがっています。だから、こうやって表の人間がやってくると、人魚さんたちは大歓迎してくれるのですよ」

人魚さんたちが大喜びしてくれているのが愛の波動エネルギーを介して、私のハートに直に伝わってきて、私は突然、とても切なくなってしまいました。

「その気持ち、私もよくわかりますよ。だって私たちも人魚だったことがありましたからね。あの時も兄妹でしたね。今ではとても懐かしく、楽しかった思い出です」

海の中を人魚やイルカになって自由気ままに泳ぐのも、宇宙人になって宇宙空間を好き勝手に泳ぐのも、同じ感覚です。

宇宙空間は愛の波動エネルギーで満たされています。この海の水も愛の波動エネルギーそのものです。愛の中を自由に泳ぐ……それは海も宇宙もまったく同じことなのです。

ふと妹の方を振り返ると、そこには人魚の彼女が座っていました。鱗《うろこ》がキラキラ艶々と薄桃色に輝いていて、愛の龍神の化身？　と見間違えてしまいそうでした。

オーラの外の海の中を、地底人の妹が気持ち良さそうに泳いでいるのも見えました。妹が手招きするのでフッと意識を海に向けると、私も海の中を妹と一緒に泳いでいました。クジラさんのオーラの中には、私が人魚の妹と一緒に寄り添っているのが見えています。同時に、海の中を泳ぐ私と妹の姿も見えています。それは私の意識がマルチビジョンのTV画面を同時に見ているようでした。

「あなたも私も、地底の人も宇宙人さんもみんな、そうやって同時にいくつもの自分を見られる意識体なのです。これが五次元波動の楽しいところですよ。これからもっと楽しい能力を思い出していきますから、お楽しみにね」

やがて私たちは、海底都市を包む光のベールを通り抜けて、都市の中心にある大聖堂のような建物に入っていきました。他のクジラさんやイルカさん、魚さんたちも一緒に入ってきましたが、大聖堂の中はそれでも余裕が感じられる広さでした。

この龍宮城を包むベールの中は、海水と空気が共存しあっています。

「はい、着きましたよ」とクジラの長老さまの声がして、長老さまが作ってくれていたオーラがサッと消えました。「溺れる？」と一瞬不安になりましたが、陸上と同じように普通に息ができました。イルカさんや魚さんたちも息をしています。

「五次元波動の世界って不思議でしょう？　海と陸の平行次元が同時に『今ここ』に溶け込んでいるようなものですね。この龍宮城全体が宇宙人さんたちの作った巨大なホログラムなの。だからこの大聖堂の中に、こんなにもたくさんのクジラさんやイルカさんたち、魚さんたちが一緒に入れたのよ。

本当は今、私たちは宇宙人さんの大きな宇宙船の上に立っているのよ。ここは海が大好きな宇宙人さんたちの都市で、私たち地底人も時々、海の生活を楽しみにやってくるの。龍宮城は、海が好きな人たちと海に生きる生きものたちのパラダイスですね。もうひとつ、この都市の大切な役目があるのですが、それはここの宇宙人さんにお話

ししてもらいましょうね。その前に、クジラの長老さまのお話を聞いてあげてね」

クジラの長老さまの前に立つと、あらためてその大きさに圧倒されました。それは表の世界で最大の原子力潜水艦よりも大きいかもしれません。かなりのお歳《とし》だと思われますが、皮膚はとても若々しくて青年クジラのように艶々としていました。

「地底の世界ではね、歳を取るほど若々しくなっていきます。長く生きた分だけ、愛の生命エネルギーを多く吸収できますからね。それは地底人だって同じことです。地底の長老さまも若々しかったでしょう？　このクジラの長老さまも、たしか7万歳を超えておられたはずですよ。この世界の生き字引として、生き続けてくださっています。表の世界のことも、地底の世界のことも、何でもご存じですし、お尋ねすれば未来のことも、宇宙のことも教えてくださいます」

クジラの長老さまはニコッと微笑むと、小さな潮を吹いて答えてくださいました。

「あなたたちふたりは、また表の世界の最終章に現れてくれました。これで4度目ですね。前の3回は、いずれもあとちょっとのところで残念な結果になってしまいましたが、それは決してあなたたちのせいではありませんから、気にしないでいてくださいね。

あなたたちも、共にこの世に降りてきた人たちも、今回はこれまで以上にとてもよくがんばってくれています。そのおかげで、あと少しで多くの人たちが目覚めてくれて、表の世界も浄化されてしまうことなく生き続けることができそうです。

もちろん海の意識体さんにも、陸の意識体さんにも、大気と地球の意識体さんにも、それらを見守ってくれている宇宙人さんたちにも、またいつものあきらめムードが漂ってきているのも事実です。これまで何度も煮え湯を飲まされてきたから、それは仕方ないことでしょう。本当に表の世界の人たちは、どうしようもないところが多すぎますからね。今回もいつものように救世主たちの甘言に惑わされて、せっかく目覚めたのに、闇の中へと自ら進んでいってしまう人たちが後を絶たないのが残念です。この表の世界の最終章は、最大で最高の我欲とエゴを味わえます。それを味わい尽くしたいがために、表の世界に生まれた人たちばかりですから仕方ありません。やはり自分が創った闇を乗り越えるのは難しいものなのでしょう。闇が見えた人はまだ救われますが、闇に届きもしないまま我欲とエゴに焼き尽くされてしまう人たちは、いつの文明でも哀れで仕方ありません。

これまで5回のチャンスのすべてが、あの救世主たちに化身した闇に潰《つぶ》されてきま

したが、今回はあとちょっとでうまくいきそうです。やっとみんなで大願成就をお祝いできますね」

クジラの長老さまは、そうお話をしながら、私に表の世界の行く末を見せてくださいました。どれも悲しい末路ばかりでしたが、ひとつだけ、明るい未来のビジョンがありました。地球と共に五次元波動へ次元上昇できた表の世界の様子は、これまでに何度も見てきましたが、三次元波動に残ったままの、もうひとつの地球と表の世界の未来のビジョンがあるとは思ってもいませんでした。

生き残った地球は、青い星のままでした。宇宙から眺めている私の意識体は、ただそれだけで嬉しくて泣けてきます。これまでにアイスボールになった地球や焼けて真っ黒のススだらけになった地球、太陽風をまともに受けて海が消えてしまった地球ばかりを見てきたからでしょう。

視線をズームインしてみると大陸の形も今と同じままでした。地軸の傾きも今と同じままのようです。さらにズームインして日本を覗《のぞ》いてみました。日本の形も今と同じでした。富士山も今と同じ美しい形のままでした。日本は元々緑が豊かな国でしたが、この未来の日本は、今よりも緑が色濃いように感じました。海の色も元気を取り戻して青々としていました。

しかし、ここまでズームインしても、あれほど五月蠅《うるさ》いくらいに飛び回っていた飛行機たちがまったく見当たりません。やはり何かが起こったようです。私は都市をズームインしてみました……あれほど人があふれていた都市の大きな駅に、人影はありませんでした。幹線道路にも家々の路地裏にも車の姿も見えませんでした。それはまるでゴーストタウンのようでしたが、嫌な邪気や闇の気配はなく、都市自体の生命力は今よりも高くなっているように感じました。

「何かが起こって、田舎へ疎開したのかな?」と思って、山々に囲まれ緑豊かな田舎へ視線を向けてみると、田畑を耕している人たちの姿を見つけました。それはわずかばかりの人たちが小さな村を作って、農作業に勤《いそ》しんでいるビジョンでした。ズームアウトして日本全体を見ると日本中にそんな小さな村々がたくさん点在しているのがわかりました。どの村の人たちも笑顔です。とても楽しそうに農作業をしているのが印象的でした。

「長老さま、何が起きたのですか?」

「地球意識さんや宇宙意識さん、宇宙人さんたちや地底人さんたちが一堂に集まって

話しあいをした結果、『やはり三次元波動の地球も残しておきましょう。それも宇宙全体の進化の一コマになるでしょうから』と結論が出たのです。

三次元の地球意識さんも、三次元人類の集合意識体さんも『膿《うみ》を出せば、生き返れます』と宣言されたので、みんなである策略を実行しました。それが予想以上にうまくいって、あの三次元波動のままの地球と人類が生き残ったのです。あれは本当にうまくいきました。後で神さまたちに『少しだけ介入されましたか？』と伺っても『いつものように、ただ静かに見守っていただけです』の一点張りでしたから、あれは人智だけでなく神智をも超えたお導きだったのでしょう」と長老さまは嬉しそうにうなずかれました。

「何が起きたのかは、私がお話しいたしましょう。私もあの作戦の実働部隊の一員でしたからね」と言いながら大聖堂の奥から、とても背の高い白い宇宙人さんが現れて、話を続けてくれました。

神になりそこねた堕天使「救世主」

「あの時の三次元波動のままの地球さんは、本当に切羽詰まっていました。五次元波動に無事に次元上昇できた地球さんは、悠々と五次元宇宙の一員を楽しんでいましたが、残された三次元波動の地球さんは、三次元波動の人類がまき散らす闇と毒の波動でもう瀕死《ひんし》の状況でした。

そしていつもの如く救世主たちが現れて、人々に覚醒と浄化を迫りました。確かに救世主たちが説く覚醒と浄化は間違いではありません。現にちゃんと覚醒と浄化を経て、地球と共に五次元宇宙に次元上昇できた人たちもいましたからね。ただ、ほとんどの人たちが救世主の放つ闇に取り込まれ、魂の輝きを吸い取られてしまっていました。

いつの文明でも、救世主は三次元波動に堕ちた堕天使です。浄化が終わっていない魂の目で救世主を見ると、それは神のように思えました。救世主たちは、いつの文明の終末でも、人々を騙そうとは微塵《みじん》も思っていません。彼らは本当に人々を目覚めさせて次元上昇へ誘《いざな》える、と信じていました。嘘のない確信は真実になり、想念が具現化します。救世主たちはある意味、本当に三次元世界の神であったわけです。しかし、その確信が仇《あだ》ともなります。三次元波動の救世主たちは、五次元宇宙へ入ることはできませんでした。その三次元波動の想念の具現化が、いつも文明に終わりをもたらしてきたのです。救世主が恐怖をあおれば、大戦争が人類の破滅をもたらしました。不安をあおれば、死の病がパンデミックとなって人類は苦悩しながら死に絶えました。絶望が大地震と大洪水を、怒りが無差別殺戮《さつりく》をもたらしました。五次元宇宙から見れば、たかが三次元波動の想念の具現化力ですが、あの世界にはびこった闇と毒をたっぷりと浴びた人類には、預言者たちの幼い具現化力であっても、十分過ぎるほどに効果が出たのでした。

　私たちは、今回こそは何としても三次元人類の滅亡は食い止めようとみんなで智恵を絞りました。その中で、これまでの失敗の中に何かヒントがあるのでは？　と思い、このクジラの長老さまの記憶にアクセスさせていただきました。そして、あの作戦を実行したのです。

救世主たちは、確かに五次元宇宙のＤＮＡを色濃く持っている宇宙人と地球人のハイブリッドタイプでした。ただ、三次元の地球で『神』になりたかったがために、三次元波動の闇と毒にどっぷりと浸って、五次元宇宙の智恵を消し去っていました。智恵が残っていたままでは、神さまごっこは楽しめませんからね。そこはやはり迫真の演技が要ります。彼らはそのことをよくわかっていたので、自分の意識を三次元波動の方へ乗せていたのです。つまり、想念の具現化力に秀でた三次元人間に徹していたわけです。

そこが狙い目でした。三次元波動の救世主たちには、私たちの宇宙船にあるホログラムは見抜けない、と踏んだわけです。そこで今、この龍宮城を作っているのと同型の大型宇宙船を8隻呼び寄せて、地球が1周回る間に、闇と毒を放つすべての人類たちを宇宙船のホログラムの中へ収容してしまいました。朝、いつものように目覚めるとそこはいつもの部屋だった……わけで、救世主たちはもちろんのこと、『浄化』とタグされた人類たちの誰ひとりとして宇宙船の中で目覚めたことに気づいた人はいませんでした。

地上に残された『選ばれし人』たちは、10日間ほど静かに眠ったままでいてもらいました。それは、全員の古い記憶から不要な部分をすべて消し去って、新しい生活が何の違和感もなく始められるように調整するための時間でした。地上に残った人たちは、古い世界に大きな浄化が起こって、あらゆる闇と毒が消えてしまったことと、これから取りあえずどのように生きていけば良いのか、の智恵はしっかりと記憶に残されていたので、11日目に目覚めた朝、誰もが粛々と自分の新しい天職を始めることができました。

その後の様子は、さきほど見ていただいた通りで、とてもうまくいっています。これは三次元波動人類の文明で初めての快挙ですので、これから先がどのようになっていくのか？　とても楽しみです」

「宇宙船に移された人たちは、その後、どうなったのですか？」

「恐怖、不安、怒り……など、その人が冒されている最も強い闇と毒の種類毎に、別々の宇宙船に移されました。ホログラムの中ですから、実際はかなり人間のサイズを縮小して収納していたのですが、これも誰にも気づかれませんでした。そして、ホログラムの中で流れる時間も早めて観察していましたが、案の定、核戦争や殺しあい、飢餓や不治の病などで全滅していきました。生命反応が消え去ったホログラムを宇宙の愛の波動エネルギーでしっかりと浄化して、この作戦は終了しました」

「ホログラムの中で浄化された人たちの魂は、どうなったのですか？　さすがにもう三次元の地球に転生することはできないでしょうね。どこに行ったのでしょうか？」

「鋭い質問をされますね。確かに浄化されて肉体を離れた魂たちを、再び三次元の地球へ転生させるのは問題がありました。せっかく闇と毒を浄化して生きのびた地球ですから、もう『その気《け》のある』人間を送り込みたくはありませんからね。確かに一時的には三次元世界と四次元の黄泉の世界との狭間《はざま》にある霊界で、大量の魂が彷徨うことにはなりました。霊界の中でひとりひとりの魂から、他の三次元の星で転生したいのか？　五次元の新生地球で人間以外の動植物となって転生したいのか？　古い三次元地球に戻って過去の人間として転生したいのか？　もうしばらくこの霊界を彷徨ってみるのか？　を尋ねて回りました。選ばれた先はまちまちでしたが、過去の人間界に転生することを選んだ魂が多かったようです。過去の三次元人間界なら、再び闇と毒を味わい尽くすことができますからね。転生先を決めかねている魂たちは、前の文明の原始時代へと転生してもらうことになるでしょう」

「救世主たちは、どうなったのですか？」

「ホログラムの中で起きた終末の悲劇に、みんな深く落胆していました。中には自責の念から本来の自分自身の使命を思い出してくれる救世主も現れましたが、ほとんどの救世主たちは、信者たちや為政者たちに責任転嫁して、何食わぬ顔で霊界を闊歩《かつぽ》しています。あの救世主たちの魂は、次は霊界を牛耳ろう、と画策していますが、それはいつものことですので、そのまま放っておきます。次に三次元の地球が次元上昇のチャンスを迎えるまでには時間があり余っていますからね。救世主の浄化が最も厄介な問題ですが、彼らは三次元波動の垢みたいなものですから、根絶してしまうことはムリなのです。どうせあのままでは五次元宇宙に帰ってくることはできませんので、神々も宇宙意識体もしばらくは放置のままで良い、としています」

「白い宇宙人さん、救世主たちとは誰なのですか？」

「ある星からやってきた宇宙人たちです。三次元の地球で『神の体験』をしたくて、三次元波動の肉体に入って降りてきました。どの宇宙人たちも本来は五次元波動です。五次元波動のままで三次元の地球に降りてくると、三次元の地球人たちには目に見えない存在になってしまいます。本来の『神の体験』は、地球人の目に見えない存在だからこそ味わえるはずなのですが、彼らはまだ若いので、『神の体験』の暗黒面に惹《ひ》かれてしまいました。

五次元宇宙人が六次元波動世界で暮らす神々に進化するためには、確かにこの神の暗黒面も体験すべきことではあるので、神々も宇宙意識体も彼らの地球人への『神の体験』を容認してきました。六次元世界から見ている神々も、自分たちの内に創造してしまうかもしれない暗黒面を高みの見物できるのは興味深いことでした。

三次元波動の地球人は、すさまじい我欲とエゴが渦巻くヒエラルキー世界にいます。そこに神が現れたら……。救世主が現れたら……。これは五次元宇宙では体験できない学びだったのです。もちろん宇宙人の多くは、そのような体験は、この宇宙船にあるようなホログラム・センターで体験して学びを得ています。三次元波動の地球人たちも未来の五次元宇宙人となる仲間ですから、まるで実験動物のように、自分たちの学びのための犠牲にしてもかまわない、と思ってしまうこと自体が我欲とエゴの塊ですからね。そこが彼らの若さです。彼らの母星からは何度も『いいかげんにしなさいよ』と注意のメッセージが彼らに送られていますが馬耳東風です。

彼らと母星とのコネクションを切れば、彼らはもう『神』でいることはできなくなってしまいますが、同時にそれは五次元波動の宇宙人としての彼らが完全に三次元地球人になってしまうことになります。彼らもそこまでは望んではいません。母星のアカシックレコードと繋がり、情報と知恵を抜き取りながら、それを自分たちの都合の良いように改変して、三次元世界の救世主として君臨し続けてきました。彼らの想念の具現化力は、五次元宇宙人と同じパワーです。三次元の地球人たちにとって、それは『神』であり、語る言葉は救世主そのものに思えるでしょう。

しかしこのままだとさすがに三次元地球人たちは、6回目の破滅を迎えてしまう瀬戸際まで来てしまいました。そこで私たちは知恵を絞って、先ほどの『人類救済計画』を実行したのです。

それはとてもうまくいきました。救世主たちは、今でもホログラフィックな平行次元の中の『この世』に移されたことに気づいていません。相変わらず地球人の救世主気分を満喫しています。この先、彼らのもとに集まった人たちがひとりひとり浄化されて消えていって、ある時、自分たち救世主だけが取り残されたことに気づくでしょう。時が来れば、彼らはホログラフィック平行次元に閉じ込められたまま母星へ送還されて、本来の五次元宇宙人へと戻されます。大勢の宇宙人と神々の出迎えを受けて……集まったみんなに、地球での『神の経験』で得た学びを語り尽くさなければ解放してもらえません。こうやって若い宇宙人たちは『大人』になっていきますし、神々も彼らの学びの波動を吸収して、七次元化へ向けての一歩としています。

この宇宙にはムダなことは一切起こりません。それが三次元世界のことであっても、気づきと学びが必ず得られます。必要必然の理を知っているからこそ、すべてを許せますし、すべてをあるがままに認めることができます。それが宇宙の愛だから……。

さぁ、そろそろ私たちの宇宙船の中をご案内しましょう」

そう言うと白い宇宙人は私たち……クジラさんもイルカさんも人魚さんも魚さんたちもみんなを連れて、大聖堂の奥に開いた大扉から宇宙船の中へと導いてくれました。

なぜUFOの目撃情報が急増したのか

宇宙船に入るとあれほど巨大だったクジラさんも私と同じサイズにまで小さくなっていましたし、逆に魚さんたちは大きなぬいぐるみサイズにまで大きくなっていました。人魚さんも器用に足ヒレで歩いています。みんなワイワイはしゃぎながら宇宙船の中を進んでいます。

宇宙船の中は天井も壁も床も、目で見るとすべて白一色ですが、目を閉じて感性で見るととても美しいグラデーションに彩られているように見えました。すべての模様がフィボナッチで描かれていたので、私にはとても心が安らぐ気がしました。

「宇宙船の中の彩りは、お客さまの感性と好みに合わせています。今日は『フィボナッチ次元宇宙』（拙著『菩薩医学』参照）の大家であるあなたがお越しになるということで、五次元宇宙のさまざまなフィボナッチ様式を彩りのモチーフにしてみましたが、気に入っていただけてとても嬉しいです」

宇宙船の壁に手を当ててみると、まるで生き物のような温かさと柔らかさを感じました。

「この宇宙船は生きていますよ。五次元波動のバイオマトリックスで構成された宇宙船ですから、五次元波動の神経系も生命エネルギー循環系もあります。

生きているからこそ、重力子体をセルフコントロールしてくれているので、私たちは快適に宇宙旅行をすることができます。さきほど皆さんがこの宇宙船に入ってきた瞬間に、宇宙船の意識体がみなさんの生態情報を読み取って、この宇宙船の中の環境

を皆さんが快適に過ごせるように変えてくれました。この宇宙船と私たちとの意識は、対等な関係で繋がっています。私たちが命じて宇宙船がそれに従うのではなく、私たちの想念を読み取って、宇宙船を走らせてくれています。宇宙船への愛と感謝がなければ、宇宙船は動いてくれません。それは、龍神たちを内在している地球人さんたちには、よくわかっていただけますね」

確かにそれは龍神と地球人の関係とそっくりでした。龍神たちはフィボナッチ次元の七次元の存在です。神々を超えた存在であるがゆえに、人間に奉仕しながら慈愛の真髄を究めようとしています。母が子を慈しみ、無償の愛で包み込む慈愛を、人間は妊娠・出産・子育てのプロセスに時間をかけて向きあうことで自然に身につけてきました。五次元宇宙の中で、このような生殖プロセスを残している種族は、もうあまり残ってはいません。なぜ七次元の龍神たちが三次元と五次元の地球人に宿っていたのか？　そのひとつの答えが「慈愛」の探求にあることは、以前、龍神の長《おさ》から伺いました。

七次元の龍神と地球人は対等の関係にあります。三次元世界では、龍神を神として崇め奉る人々がとても多く、龍神たちも閉口気味でした。六次元の神々を超越した七次元に住む龍神たちだったからこそ、もう神のレベルは卒業したのに神として崇め奉られても、怒りや落胆に我を忘れるようなことはありませんでした。

無我の境地の龍神たちには、祈りは通じません。命じれば、大喜びで具現化してくれます。対等の関係だからこそ、命じれば動いてくれるのです。命じてくれる人間は、愛と感謝と喜びを持っていることを、龍神たちは知っています。祈るだけの人間は、龍神を上げたり下げたり、利用しているだけのことも見抜いています。そんな裏心のある人間に宿っていても「慈愛」を究めることはできないので、龍神の抜け殻だけを残して、七次元の空と無の世界にある龍神たちの故郷へ戻ってきてしまいます。神の化身なら抜け殻で十分でしょう、ということです。もちろん、抜け殻には想念の具現化力はありません。抜け殻を崇め奉っている人間たちは、三次元世界を跋扈《ばっこ》している魑魅魍魎たちの格好の餌食です。我欲とエゴに生きる三次元人間たちに、小さな願望成就を繰り返し与えていくと、すぐに薬物依存症のようになります。祈らなければ、生きていけなくなります。必死の祈りもすべて闇のスタミナ源になり、やがて闇の中で魑魅魍魎たちに魂を食い破られてゾンビと化してしまいます。

「自分軸があれば、どんな宇宙人たち、神々たち、龍神たちとも対等の関係になれる

のにね。表の人たちには、それがとても難しいことだったから、長い間、私たち地底の世界とも交流することができなかったのです。今、やっと自分軸の大切さに目覚め始めた人たちが増えてきたので、私たち地底の世界も、再び表の世界への門戸を開く準備を始めたのです」と地底の妹が少し嬉しそうに言いました。

「私たち地底の世界の宇宙船も、同じように生きているのですよ。宇宙人さんの宇宙船のように、遠くの銀河まで飛んでいく必要はないので、エネルギーは地底の太陽さんからいただくだけで十分なのですが、表の人たちが目覚めて、私たちとひとつの地球文明を創り始めたら、宇宙人さんの宇宙船と同じように、宇宙の愛のエネルギーで飛べる宇宙船にバージョンアップする予定です。私たちの宇宙船さんたちも、早くそんな日が来ることを楽しみに待ち望んでいます」と妹が言うと、まわりにいた地底人たちも大きくうなずいていました。

「最近、表の世界でも宇宙船が頻繁に目撃されるようになったでしょう?」と白いのっぽの宇宙人さんが私に話しかけてきました。

「たしかにここ数年で急増していますね。宇宙人さんの宇宙船と地底人さんの宇宙船の他に、表の地球人が作った宇宙船もかなり飛んでいることまでは知っていますが、なぜこんなにも急にＵＦＯが目撃されるようになったのですか？」

「数年前に過去も未来も平行次元も、すべて『今ここ』に収束されてしまったのは、ご存じでしょう。私たち宇宙人と地底人さんの交流は、大昔から続いてきました。私たちには時間の感覚がないので、うまくお話しできないのですが、みなさんの太陽系が今の形となって落ち着いた頃に、私たちの祖先にあたる宇宙人たちが太陽系のポータルを金星に作りました。

ポータルが開くと宇宙同士、銀河同士が結ばれます。『どこでもドア』で遠くの宇宙や銀河と繋がったようなイメージですね。ドアを開ければ、そこはアンドロメダやオリオンなのです。私たちは宇宙船の意識体と繋がって、行き先を告げるだけで、どんなに遠くの宇宙にでも瞬時に行くことができます。このポータルも、宇宙船同様にバイオマトリックスの生きている意識体ですので、宇宙の愛をエネルギー源としています」

地底世界はなぜ生まれたのか

「私たち宇宙人はみんな、五次元宇宙に生きています。その五次元宇宙は愛に満ちあふれています。ですから、私たちは五次元宇宙のどこにでもポータルを開くことができます」

白いのっぽの宇宙人さんが誇らし気にそう言うと、まわりの宇宙人たちも大きくうなずきました。

「三次元宇宙の人間たちには、宇宙は無限に果てしない空間のように見えているでしょうが、私たち五次元宇宙人にとって、宇宙とはひとつの村のようなものです。みんな顔見知りですし、『会いたい』と思えば、いつでも誰とでも会うことができます。村はずれに住んでいる人でも、呼べば声が届きます。私たちにとっての遠くの存在とは、次元の隔たりが横たわっている三次元宇宙の方なのです。

金星のポータルが開くと、私たち宇宙人たちは太陽系の星々へとやってきて、三次元宇宙の観察を始めました。そして、我欲とエゴを体験するために最適な星が地球だとわかりました。

まず私たちは、人型宇宙人をモチーフにして地球環境に適合した三次元肉体に入って、三次元地球での生老病死を楽しむことから始めました。三次元波動の我欲とエゴの意識体は、宇宙でも稀《まれ》に見るほどの三次元地球環境への適応性があり、一気に爆発的大進化を遂げて地球中に広がりました。宇宙の愛との繋がりを絶たれると、中身は五次元宇宙人同士であることも忘れてしまいます。そして我欲とエゴのヒエラルキー社会を次々に生み出して栄華を極めては、やがて文明と共に消えていくことを繰り返しました。

同じように、支配と従属を体験することをテーマにすえた火星では、戦いが止むことはなく、あまりにも裏切りや欺瞞《ぎまん》、奪取や詐欺が横行した末に、火星自体がもう人型宇宙人モデルでは暮らせない環境になってしまいました。今では、三次元の肉体を脱ぎ去った三次元意識体の宇宙人たちが火星の地下都市に、五次元波動に戻った宇宙人たちが火星表面の基地に暮らしながら、シミュレーションやホログラムの中で支配と従属の体験を続けています。

金星は、三次元波動の人型肉体を持って『慈愛』を徹底的に楽しむ体験に最適な星でした。多くの宇宙人たちが三次元の肉体を持った金星人となって、三次元波動の慈愛を楽しませてもらいましたが、肉体的な慈愛の探求はすぐに壁に突き当たりました。肉体的な慈愛にも精神的な慈愛にも限界があり、その壁を越えるには五次元波動化するしかなかったのです。

金星人たちは、慈愛の探求を続けるために地球に移り住むことにしました。しかしすでに三次元波動での慈愛は十分に体験し終えたので、五次元波動の宇宙人として地球に住み着くことにしました。そのために、新たに五次元波動の人型肉体を作りました。

五次元宇宙は慈愛の宇宙です。宇宙人たちもすべて五次元波動の愛のエネルギーで生きています。宇宙人たちの中で、金星人と共に五次元波動の人型肉体に入って、慈愛を探求したいと願う者たちも現れました。そんな宇宙人たちは、金星人と宇宙人のハイブリッドな意識体となって、五次元波動の肉体に入って地球へと向かいました。

地球の表面は、すでに三次元波動の人間たちの世界になっていました。そんな三次元人間たちを駆除してしまうことは、五次元波動の宇宙人や金星人にとっては簡単なことでしたが、それでは『慈愛の探求』というテーマに反してしまいます。

三次元波動の人間には、五次元波動の世界は見えません。どんなに文明が進歩しても、三次元波動のままでは探知できません。そこで五次元波動の宇宙人と金星人は、地球意識体に働きかけて、地底に五次元波動の地底人の世界を創り出してもらいました。これが地底の世界の起源です。

三次元波動の科学では、いくら地球の内部を探索しても、五次元波動の地底の世界を見つけることはできません。２０１８年末までは、三次元波動の地球に五次元波動の地底の世界が同居していましたが、２０１９年になって地球が五次元化してしまうと、地底の世界がある地球しか、この宇宙に存在していないことになりました。もう地底の世界のない三次元地球は、ホログラムでしかお目にかかれない過去のものになってしまったのです。

地球意識体はずっと三次元の表の世界と五次元の地底の世界の交点として、地球地軸の上下にあたる南極と北極に大きな穴を開けておいてくれました。この交点の穴は、三次元波動の人間たちには見ることも探知することもできませんでした。五次元波動の地底人や宇宙人にしか通り抜けることのできない穴だったのです。

その他にも、深い海の底にも地底の海と通じる穴を何カ所か開けておいてくれました。ここを通ってクジラさんやイルカさんたちも、表の海と地底の海を自由に行き来できていました。表の世界に残る深い洞窟やマグマの通り道、泉が湧き出すところも、昔は地底の世界との交通路だったところがありますが、最近ではそのほとんどが塞がってしまいました。

地底の人たちは長い間、慈愛の探求のために、表の三次元波動に合わせた肉体を着て、表の世界へ旅することを続けてきました。時には、表の人間と愛しあってハイブリッドな子供を産み育てることもありました。そうやって生まれてきた子供たちの肉体も精神も能力も、三次元と五次元の両方の特徴を持っていました。しかし、三次元の表の世界で、五次元の心身や感性、能力を持って暮らしていくのは至難の業でした。魔女や超能力者、予言者、仙人として時の為政者たちに利用されたり恐れられたりしながら、安寧な人生を全うすることはできませんでした。狐憑きや神隠しは、そんな子供たちを表の世界から地底の世界へと救い出した救済劇の伝承でした」

目撃されるＵＦＯはほぼMade in地球！

「そしてここ数年、すべての時空間が『今ここ』に収束したために、表の世界と地底の世界を結ぶ穴が、三次元波動の人たちにも探知しやすくなってきています。私たちの宇宙船も地底の人たちの宇宙船も、確かに最近は頻繁に地球を出入りしていますが、まだ三次元波動の人たちに見つかることはないはずです。

今、目撃されているほとんどのＵＦＯは、表の地球人が作った宇宙船です。表の三次元技術では、宇宙船の姿を完全に消すことはできませんからね。どうしてもレーダーなどに探知されやすいですし、未完成な宇宙船ですから、内部事故も多いみたいです。飛行中に何らかの痕跡を残せば、どうしても多くの人たちに気づかれてしまいます。

もうひとつの理由は、『今ここ』に収束した時代を迎えて、五次元波動に目覚め始めた人たちが増えていることがあります。五次元感性に目覚めると、見えないものが見え、聞こえないものが聞こえてきます。五次元感性で見れば、表の世界の空に多くの宇宙船が飛んでいるのが見えるでしょう。美しい飛び方をしているのが宇宙人と地底人の宇宙船です。表の地球人の作った宇宙船は、自転車に乗り始めた子供のような飛び方をしているので、ひと目でわかります。

表の地球人が作った宇宙船は、やはり我欲とエゴの波動がまとわりついています。いくつかの大国が宇宙船を持っているのですが、どれも敵対国への攻撃用であったり、人類を支配するための新たな恐怖のツールだったりという意図が丸見えです。そんな闇の波動は、同じ闇に染まった人たちの意識とシンクロしやすいので、表の地球製の宇宙船をよく見つけてしまう人たちは、自分の波動が闇に染まっていることになります。

私たちの宇宙船が大挙して表の世界の空を埋め尽くしても、それが見える人たちはまだまだわずかでしょう。もしこの先、空を宇宙船が埋め尽くしている動画が世界中に配信されて、誰もが空に不気味に浮かぶ宇宙船の群れが見えることがあれば、それは表の世界の終末が来てしまった、ということになります。たとえ表の為政者たちが恐怖と武力で新しい支配を始めるにあたって、私たち宇宙人や地底人にいわれのない汚名を着せることがあっても、私たちは一切干渉することはありません。

地底の世界への穴は五次元波動のシールドで守られているので、三次元技術で破ることは決してできません。万が一にも……そんな非常事態が起こる前に、地球意識体がいつものようにブルブルと震えて、表の世界をきれいさっぱり浄化してくれますからね。

実際の話、私たち宇宙人の間でも、三次元の表の地球人を救いたい、と考えている宇宙人ばかりではありません。五次元化できた地球人たちが、これからどんな五次元世界を創り出していくのか？　には多くの宇宙人たちが興味を抱いて見守ってくれています。古い三次元地球に残った蝉の抜け殻のような三次元地球人など、私たち宇宙人にとっては、正直、どうでもよいですし、地球意識体も、『脱ぎ捨ててしまった三次元の殻の行く末など、もうどうでもよいです』と正直な気持ちを吐露していましたからね。三次元地球に残った魂たちは、「さぁ、輪廻《りんね》転生を楽しみましょう！　我欲とエゴの酒池肉林な世界は、まだまだ続きますよ」と力《りき》んでいますが、さて、ここからどうやって目覚めていくのでしょうか？　時間が止まって、永久に眠ったままになっている文明が、銀河系だけでも無数にあります。永遠の眠りの中で、宇宙人との戦

争や銀河大戦の夢を見続けている魂たちも、やがては『見えない惑星X』に吸収されてしまうことでしょう」

白いのっぽの宇宙人さんは、どこか遠くを見たまま、静かに語り終えました。

第二章　宇宙旅行へ

「**さぁ、ちょっと宇宙旅行をしてみましょうか？**」と白いのっぽの宇宙人さんが左手をあげると、それまで壁だったところに大きな扉が現れました。

「**ちょうど地底人さんの宇宙船がこちらに係留していましたので、その宇宙船で宇宙旅行しましょう。さぁ、皆さんこちらへ**」

大扉が開くと、暖かな光で満ちたチューブがあり、その先に銀色に輝く宇宙船が見えました。宇宙船はよく見る円盤型ではなく滴型《しずく》で、外からは窓は見えませんでした。

「**宇宙人さん！　私たちも宇宙を泳げるようにしてください**」と人魚さんたちが言っています。

「**おうおう、そうでしたね。ちゃんとこの前の約束は覚えていますよ。人魚さんたちは、まずこちらの部屋へ入ってください。すぐに準備しますからね**」

宇宙人さんが右手で壁を触ると壁が開いて、ラボのような真っ白い部屋が現れました。中には白い宇宙人さんが数人、何かの準備をしていました。やはり皆のっぽです。

「**見せてもらってもよいですか？**」

「**ええ、どうぞ、ご覧になっていてください**」

白い部屋の中に、８人の人魚さんが入りました。下半身がピンクや赤の人魚さんが

3人、黄色やゴールドが2人、青や緑が3人です。髪の色もいろいろで、髪の色と下半身の色とは関係がないようでした。男性・女性の差はほとんどありませんが、男性が3人いるように感じました。

人魚さんたちは輪になって座っています。最初の白いのっぽの宇宙人さんが人魚さんの後ろに立ち、指先から赤いレーザー光線が出た両手でその頭を包み込むと、人魚さんの頭から胸へと赤く輝くビー玉のような珠が降りていくのが見えました。その白い宇宙人さんは次々と横へ移動しながら、赤い珠を入れていきます。

次ののっぽの宇宙人さんは、指先から青いレーザー光線を出しながら、同じように青い珠を入れていきます。入れられた青い珠は、赤い珠の上部、ちょうど喉のあたりで輝いています。

3人目の宇宙人さんの指先からはゴールドのレーザー光線が出ています。そしてゴールドの珠が入って、人魚さんの眉間が輝きました。

3つの珠が入った人魚さんたちのオーラがゴールドに輝き、前よりもシールドが強くなったのが感じ取れました。人魚さんたちはみんな、ニコニコしながら美しい滴型の宇宙船に乗り込んでいきました。

宇宙船「ムウマ」を操縦！　～想念の先読み～

「あなたが操縦してみますか？」と宇宙人さんが私に言いました。「え！　そんなことできるの？」という私の想念を先読みして、「大丈夫ですよ。宇宙船の意識体さんに挨拶して、愛が通じあう感覚をつかむまで、宇宙船の意識体さんをギュッとハグするイメージをしてください。愛で繋がれば、あなたの想念通りに宇宙船さんは動いてくれますよ」と教えてくれました。

「地底の宇宙船さん、はじめまして！　よろしくお願いします」と言いながら、愛で通じあうイメージをするとすぐに「こちらこそ、よろしくお願いしますね。私の名は『ムウマ』、金星の妖精という意味です。あなたが地底人のアイドル『ゆなさん』のお兄さんだということは、よく知っています。ずっとお目にかかりたいと願っていました。願いが叶って、とても嬉しいです。さぁ、どこへでも飛んでいきますよ。まず、地球が最も美しく見えるところへとお連れしましょう」

宇宙船『ムウマ』さんとの会話は、すべてテレパシーです。私の想念を先読みされている感覚に最初は少し戸惑いましたが、慣れてしまうと宇宙船を自分の想念で思うがままに操縦できているように感じてきました。

「では、発進します！」とムウマさんが言わなければ、宇宙船が浮かび上がって海底の中を急上昇していることに気づけなかったでしょう。

宇宙船の中では、みんなが普通にお喋りを楽しんでいます。シートベルトもイスもありません。急上昇していることは窓の外を滝のように流れている海水から想像がつきましたが、加速度や重力はまったく感じませんでした。

窓の外がパッと明るく輝いたかと思うと、眼下に氷の大陸が見えていました。

「今、極地シールドを越えて、表の地球に出ました」とムウマさんが教えてくれました。

「南極はちょうど白夜です。いつ見ても美しいですね」

美しさに見とれているヒマもなく、銀色に輝く南極がどんどん小さくなっていきます。

やがて宇宙船は地球のまわりをグルッと大きくひとまわりしてから、月と地球の中間点で止まりました。

確かに……まん丸で青い地球ほど美しいものはありません。三次元波動の目では、宇宙は漆黒に見えました。五次元波動で見る宇宙は、光で満ちあふれています。その光は、ただ眩しいだけの光ではありません。それは慈愛の輝きの光です。色と言うよりも、魂で感じる虹色の波動色でした。その虹色の愛のエネルギーに彩られた宇宙空間にポッカリと浮かぶ地球のまわりには、金色《こんじき》のオーラが神々しく輝いていました。

「私たちが、地球が大好きな理由《わけ》がわかったでしょう」と宇宙人さんが優しく声をかけてくれました。

「遠い銀河の星から五次元宇宙を見上げるとね、この金色に輝く地球がひときわ美しく見えるのです。だから美を愛する宇宙人なら、誰もが一度は訪れてみたい星なのです。地球も五次元へ次元上昇したでしょう。三次元の頃は砂金のかけらくらいの輝きでしたが、五次元化した今では、もうダイアモンドの輝きになりました。こんなに美しい星に暮らすことができて、みなさんはとても幸せですね」

人魚・クジラ・イルカたちと宇宙遊泳！

「宇宙人さん、ちょっと外を泳いできますね」と言って、人魚さんたちがスルッと宇宙船の壁をすり抜けて宇宙空間に出ていってしまいました。そして、宇宙船のまわりを気持ち良さそうに泳ぎ始めました。もちろん宇宙服など着ていません。地底の海と同じように、ゆるゆると自由自在に泳いでいます。

「私たちも行きましょう！」の声と共に、クジラさんとイルカさんたち、たくさんの魚さんたちも宇宙遊泳を始めました。やがてもうそこは海の中なのか、宇宙空間なのか、見分けがつかなくなってしまいました。

「皆さんもご一緒にどうですか？」と宇宙人さんが笑いながら宇宙船の壁を両手で開くように撫でると、パッと宇宙船の姿が透明になって消えてしまいました。

宇宙人さんたちも地底人さんたちも、そして私も、虹色の宇宙空間の中に浮かんでいます。

息を吸うと、フワッと温かい愛のエネルギーが胸から全身へ広がっていくのがわかります。手で水をかくように動かしてみると、サラサラサラッとした光の粒が身体を支えてくれているのが感じ取れます。

「これなら泳げるかも」と思って、平泳ぎをしてみると身体が前へ進み始めました。顔に当たって流れていく愛の光の温かさがとても気持ち良く……私は我を忘れて宇宙遊泳を楽しんでいます。

人魚さんとイルカさんたちが集まってきて「**ほら、こんなふうにも泳げるんだよ**」と両足のキックだけの泳法を教えてくれました。これならターンも思いのままにできます。私は人魚さんとイルカさんたちと鬼ごっこをしているかのように自由奔放に宇宙遊泳をしています。

「**もう肉体を着ていないみたいでしょう**」と白いのっぽの宇宙人さんが話しかけてくれました。

「**こうやって宇宙遊泳をしていると、魂だけだった頃の自分自身を思い出せるでしょう。それは全知全能だった頃のあなたです。すると逆に、不自由な肉体を着てまで味わいたかった何かを思い出すことができます。その何かは魂ひとりひとりで違う何か**

です。

ほら、色々な愛の光が織り込まれているからこそ、この宇宙空間の愛の光は錦に輝いています。

魂も同じです。色々な何かで磨かれるほど、魂も錦の輝きを増します。

地球のオーラが金色に輝いているのは、不自由な身体を着て魂を磨きあげてきた人間たちが金色のオーラを放っているからです。地球の表の人たちは未だに、生まれてきた理由や生きがいが見つからないことで悩んでいますが、そんな人たちこそ、この宇宙遊泳に招待して、何かに気づいていただきたい、と願っています。

あなたなら、五次元波動に少し目覚めた人たちの意識体をここまで導くことは簡単にできますよね。ぜひ私たち宇宙人や地底人たちを利用して、ひとりでも多くの目覚めかけた人たちをこの宇宙遊泳へと連れてきてあげてください。宇宙の歯車も、もうその方向へと動き始めていますよ」

「さぁ、みなさん、そのまま泳ぎながら宇宙船についてきてください」とのっぽの宇宙人さんが言うと、透明の宇宙船はゆっくりと月へ向かって進み始めました。それは、私でも十分についていけるスピードです。私たちは背泳ぎの格好で青い地球を見ながら、月へと進んでいきました。

いざ、月旅行へ！　～月面初着陸映像の真偽～

月に近づくと、月も銀色のオーラで包まれているのが感じ取れました。そのオーラの中へ入る時、少しだけピリピリッと電磁波のようなシールドを感じました。

「月は丸裸ですからね。太陽風や小さな隕石《いんせき》から守るために、とても頑丈なシールドで包まれています。三次元世界から見上げた月が、どことなく冷たく感じるのは、このシールドの電磁波を三次元の目の網膜が感じ取っているからです。このシールドは、本当の月の姿を三次元の人たちには見せない役目も果たしてくれています」と白いのっぽの宇宙人さんが教えてくれました。

「三次元世界の月ロケットや人工衛星もたくさん飛んできましたが、三次元の技術ではこのシールドをくぐり抜けることはできません。でもシールドにぶつかって壊れてしまうと、宇宙人の攻撃だ！　とあおる人たちが三次元世界には大勢いますので、飛来したロケットや人工衛星は、すべてシールド外に張り巡らしたホログラム内に回収して、行ってきた感、見てきた感をたっぷりと味わっていただいています。

月面に初めて降り立った地球人たちの映像の真偽が疑われたことがありましたが、ホログラム映像の些細《ささい》なバグに気づくとは……と私たちは、地球人の繊細さを大いに見直したものでした。その後は、もう気づかれないように最新型のホログラム・シールドを導入したから大丈夫ですが」と白い宇宙人さんが笑いながら言いました。

シールド内で見る月の表面には、いくつもの明るい月の都市がありました。その都市の間をたくさんの宇宙船が飛び交っているのが見えました。

「月の表面の都市で暮らしているのは、主に宇宙人たちです。さまざまな星からやって来た宇宙人たちが一緒に暮らしています。みんな、とても仲良しですよ。

この表の都市で暮らしている宇宙人たちの多くは、三次元地球人の観察をしています。今はいよいよ三次元から五次元へと次元上昇するベストタイミングですから、この表の都市にもこれまでで最多の宇宙人たちが集まってきています。さまざまなテーマの宇宙会議も毎日開催されていて、今、五次元宇宙の中で最も賑やかな宇宙都市だと言えるでしょう。ほら、宇宙船の出入りも多いでしょう」

確かに色々な形の宇宙船が頻繁に、月から出たり入ったりしています。月から出てきた宇宙船たちは、それぞれの目的地に向けて、流れ星のように輝きながら飛んでいきます。

「あれ？　宇宙旅行は『どこでもドア』でスルッと目的地へ行くのではなかったのですか？」

「はい、もちろん急ぎの場合は、月に開いた次元ポータルを使って、金星のポータル経由で目的地まで飛んでいきますが、太陽系内で次元ポータルを使いすぎると、太陽系の波動に乱れが生じてきます。せっかくこんなにも美しい太陽系ですから、できるだけ波動を乱すようなことは避けたい、とどの宇宙人たちも思っています。

金星は愛の波動エネルギーがとても強いので、次元ポータルを常時開いていても、まったく波動の乱れは生じません。ですから、どの宇宙人たちも金星や太陽系外にある次元ポータルまでは、波動を乱さないように静かに飛ぶことにしています。私たち宇宙人はみんな、古い地球人さんたちよりもずっと『紳士』ですからね」と白い宇宙人さんが言うと、まわりの地底人さんやクジラさんたちが一斉に大笑いしました。

「さぁ、みなさん、宇宙船の中に戻ってください。もう直に月の空港に着きますから」
宇宙遊泳を楽しんでいた面々が、ふわふわ泳ぎながら宇宙船に戻ってきました。

宇宙に文字はあるのか

白い宇宙人さんがまた両手を上から下へ降ろすと、一瞬の輝きと共に宇宙船の壁が現れましたが、壁の模様が先ほどの模様とは一変しています。それはイスラムのカリグラフィー模様に似ていました。

「これは今、月で流行《はや》っている模様です。どうですか？　お気に召しましたか？」

「宇宙人さん、宇宙人さんたちにもまだ、文字は残っているのですか？」

「情報の記録や伝達には、もう誰も文字は使いません。書き終える前にテレパシーで伝わってしまいますからね。

私たちは文字の美しさに魅了されています。特にイスラムのカリグラフィーや日本の漢字と仮名が醸し出す美は素晴らしいですね。文字の書き方と文字情報を覚えるだ

けならダウンロードしてしまえば、すぐに書き始めることができますが、そんなふうにして書いた文字には『美』は宿りません。やはり日本の書道のように、静かに墨をすって無念無想の境地で想いを筆でしたためる……そこに『美』が生まれます。私たち宇宙人は、何でも具現化できてしまいます。もちろん美術品のコピーなど簡単に作ってしまえます。でも、そこに『美』を宿すことはできません。そんな『美』に魅了された宇宙人たちも、この月の都市にどんどん集まってきています。

月都市は、今や宇宙でも有数の美術都市に変貌しつつあります。手で筆を握って書きたいがために、わざわざ三次元の肉体を着て、月都市で暮らしている宇宙人たちもいますからね。日本の書や茶道、華道、香道といった伝統文化を教えるカルチャーセンターも、この月都市にはたくさんありますよ。香道だけは、三次元人間の肉体を着ていないと習えませんけどね。嗅覚を持った宇宙人は……地球人しかいないのではないでしょうか。

その点、地底人さんたちは、表の地球人の肉体的長所をちゃんと引き継いでおられるのがうらやましいです。『美』に憧れる宇宙人たちは、まず月都市で『美』のカルチャーを肉体的に修得してから、地底の世界を訪れて、本場の『美』に酔いしれることを夢見ています。

地底人さんたちは生まれながらに『美』の感性を持っておられるのが素晴らしいです。地底人さんたちと地底の世界はこの宇宙の宝物だ、と多くの宇宙人たちが思っているのですよ。ほら、この宇宙船だって『美』そのものでしょう。こんなに美しい宇宙船を意図せず普通に作ってしまう地底人さんたちは、やはり宇宙の『美』の伝道者です」

「もうひとりの自分」と繋がる

月都市の空港が見えてきました。大小たくさんの宇宙船が規則正しく係留されています。円盤型、葉巻型、キューブ型、三角型、十文字型、V型……さまざまな形が見えますが、やはりこの地底人さんの宇宙船が最も美しく感じられました。

「この宇宙船をデザインしてくださったのはイルカさんたちなのですよ。イルカさんと地底人は兄弟みたいなものです。波動も遺伝子もほぼ同じですからね。イルカさんたちの自由奔放さがあふれているデザインなので、私たち地底の世界でもこの宇宙船は大人気です」

「地底人さんたちとイルカさんたちは同じ遺伝子なのですか？」

私はちょっと驚いて尋ねました。

「ええ、もちろんそうですよ。クジラさんとイルカさんは、私たち地底人と同じ波動の遺伝子を持っています。生まれる前に、魂が『今度は海で暮らしたい』と思えばクジラさんやイルカさんたちに、『人間の生活を楽しみたい』と思えば地底人に生まれてきます。そこは表の三次元世界で知られている遺伝子とは別物の話で、私たちもクジラさんやイルカさんも五次元波動の遺伝子を持っているということです。オリジナルな肉体を持っている宇宙人さんたちも同じ五次元波動の遺伝子を持っていますが、多くの宇宙人さんたちは、昔々にオリジナルな肉体を脱ぎ捨ててしまわれました。『今でも残っているのは100万種族もいないかもしれない』と長老さまがおっしゃっていました。

人魚さんたちは、海と陸の生活のハイブリッドタイプですよね。海を魚さんのようにスイスイと泳ぎたい、と地底人に生まれてくる途中で意識的にオプションを付ければ、人魚となって生まれてきます。そこは必ずしも……ではないので、人魚で生まれるとラッキー！　なのですが。本当は人魚で生まれることも意識的に決めることができるのですが、そこはせっかく地球に生まれるのですから、地球らしい『神さまの選択』というあやふやさを残してあります。

遺伝子というものは、肉体を引き継いでいく際の情報伝達系なので、肉体を持たない宇宙人さんたちと愛しあって、その魂や意識体レベルで交わる時には、五次元波動のハーモニーが一番大切にされています。私たち地底人にも人魚さんにも、クジラさんやイルカさんたちにも、すでに多種多様な宇宙人さんたちの波動が混じりあっています。宇宙人さんが『次は人魚になりたい！』と想念して生まれ変わったらイルカさんだった……でも、宇宙人さんはその偶然性をとても喜んでイルカの人生を楽しんでいます。え〜とほら、あのちょっとピンクっぽいイルカさんは、この前まで赤い宇宙人さんだったのですよ」と妹が説明してくれました。

「だからね、宇宙人さんたちは、○○星人だとか、○○銀河から来たとかは、まったく気にしていません。○○星に生まれた、○○銀河で育ったという履歴みたいなものも、すべて生まれる前の魂の想念で選べてしまうことだから、星や銀河で分類することは、まったく意味がないことなのです。

五次元宇宙の波動では、表の地球で言う過去や未来はもちろんのこと平行次元だって簡単に移行できます。すべては『今ここ』にありますからね。『今ここ』は時間軸や平行次元だけではなく、どの星、どの銀河という無限のスペースにも当てはまることです。『次はオリオン座の○○星に生まれよう』『次はアルクトゥルス星に生まれよう』と魂が想念すれば、ほぼ100％その星に生まれることができます。『地球時間の1990年代に三次元地球の日本にサイキックな女性として生まれたい！　そして2020年前後に『目覚めの天女』となって、多くの人たちを五次元宇宙へと導きたい！』と魂が想念すれば、三次元の表の地球の最も適合する平行次元に生まれることになるのです。もし魂が『2020年前後に、表の地球とアルクトゥルス星の橋渡しをしたい！』と想念すれば、宇宙の双子として表の地球人とアルクトゥルス星人として同時に生まれることも珍しいことではありません。

『今ここ』への過去と未来、平行次元の収束が強まるほど、たくさんの平行次元の中で生きている『もうひとりの自分たち』との交流が明瞭になってきます。それは地球の中だけに限ったことではなく、五次元波動に覚醒していれば、さまざまな宇宙人である『もうひとりの自分』と繋がることになります。すると私は○○星人ですとか、私は○○銀河から来ましたというプライド？　みたいなものは、五次元宇宙では無価値であることがよくわかるでしょう。

宇宙はひとつのワンネスですし、宇宙人たちもひとつのワンネスです。私たちは五次元宇宙に暮らすワンネスの集合意識体だと自覚できると、神々が暮らす六次元世界も、龍神たちが暮らす七次元世界も、とても身近な世界に見えてきます。そして、ちょっと魂の波動を上げれば、神々の世界とも龍神たちの世界とも行き来ができることに気づけます。この月の都市は、そういった面でも、表の地球人さんたちが五次元宇宙人としてデビューするには格好の舞台だと思います」

さまざまな姿形の宇宙人が集まる月の空港

気がつけば、宇宙船は月の空港に着陸していました。宇宙船の出口に丸い机が現れて、その上には銀色の丸いバッジが用意されていました。

「肉体を着ている人たちは、これをつけておけば、月の重力や温度などの環境を気にしないで済みますよ」と白いのっぽの宇宙人さんが私の胸にバッジをつけながら教えてくれました。バッジをつけるとボワッと薄いオーラのようなエネルギーシールドが私を包んでくれたような気がしました。地底の人たちもクジラさんやイルカさんや人魚さんたち、魚さんたちもみんな同じバッジをつけています。宇宙人さんたちにはバッジは要らないようで、そのまま都市への通路を進んでいきました。**「月の世界を楽しんできてくださいね」**と地底の宇宙船の声が聞こえました。みんな「**行ってきま～す**」と遠足気分で答えながら月の都市へと進みました。

月の都市へ入った瞬間、さまざまな姿形の宇宙人たちが見えて、予備知識があったにもかかわらず、私はびっくりしてしまいました。緑の三角頭にひとつの目と一本の触角がある昆虫型の宇宙人さんと最初に目が合ってしまうと、「**いやぁ、ようこそ！私も昔は地球人をよくやったものです。あなたがビックリするのもよくわかりますよ。私も初めてこの姿の宇宙人を見た時には腰を抜かしましたからね。でもね、色々な宇宙人をやってみて、この姿の宇宙人が私には一番フィットするのがわかりました。この姿で私はもう数千年（地球時間）います。お近づきの印にハグしましょう。昆虫型**

の肉体の素晴らしさがあなたにもわかってもらえますからね」と言われて……私は緑の昆虫型宇宙人さんとハグしました。すると私の意識体が緑の昆虫宇宙人さんとひとつに繋がって、彼の言う心地よさが我が身のように感じ取れました。「**緑の宇宙人さん、よくわかりました。素晴らしいですね。ありがとう！**」とお礼を言うと「**どういたしまして！　月の世界を楽しんでいってくださいね**」と言いながら、ブーンと羽ばたいて飛んでいってしまいました。

ちょっと気持ちが落ち着いたので、まわりを行き交っている宇宙人さんたちを観察すると、さまざまな昆虫型の宇宙人さんたち、両生類や爬虫類のような姿の宇宙人さんたち、深海魚のような姿や軟体動物のような姿の宇宙人さんたち、とても小さな雷やモヤッとした霧のような宇宙人さんたち……人型の宇宙人はとても少数派だということがよくわかりました。「**肉体や姿を持たない宇宙人の方が多いのですよ**」とイルカさんがピョンピョン跳びはねながら教えてくれました。

「**地球意識体さんにとっては、どの動物も植物もみんな同じように大切な存在なのですよ。人間が最も尊い、偉い、重要だなんて、地球さんはこれっぽっちも思っていませんからね**」と蛇頭の宇宙人さんが地球を指さしながら言いました。「**ここには男女、**

年齢、肌の色、国籍、職業、学歴、家柄、財産、権威、名誉……えーと他に何だっけ？　まぁ、そういうものはまったくありません。それらは宇宙でもここだけで観察できる得体の知れないものなので、私たち宇宙人の長年の研究テーマでした。それが今、最大最高を極めようとしてくれています。地球さんには申し訳ないのですが、最後の最後まで辛抱していただいて、人間たちの得体の知れないものがどうなっていくのか？　を知りたくて、とても多くの宇宙人たちがこの月都市から観察しています」

と鯉頭の宇宙人さんが教えてくれました。

月の都市の内部はとても広くて、向こうの端が見えません。内部は表の地球の自然環境そっくりに作られていて、建物は地底と同じようにどれも球か円筒形をしています。表のような高層建築はなく、みんな道を滑るように歩いています。建物の壁や土色の道には、宇宙船で見せてもらったイスラムのカリグラフィー模様が描かれていました。

そこは表の世界のどの都市よりも、洗練された美しさと自然の木々や花々との調和が心地よさを感じさせてくれました。青空に白い雲たちがポッカリと浮かんでいて、初夏のお日さまも暖かい光を燦々《さんさん》と降り注いでくれています。小川や運河も見えますが、さすがに海はありませんでした。さわやかな風が頬を撫でていきます。フッと風の妖精さんたちが「**いらっしゃい！　待っていましたよ**」と語りかけてきてくれました。

「**ここに来ると誰もがワクワクしてくるのですよ。宇宙の愛のエネルギーに、宇宙人さんたちの知りたい！　楽しみたい！　のワクワクなエネルギーがブレンドされた氣を呼吸していますからね**」と地底の妹は大きな深呼吸をしながら駆けっこのポーズでおどけています。確かに地底の世界の氣は、愛と感謝のエネルギーに満ちあふれていて、身心魂が深く癒やされ、母の子宮に戻ったような安堵感を覚えましたが、この月の都市で深呼吸すると、楽しい！　やるぞ！　よっしゃ〜！　な元気が湧いてきます。地面から浮かんだ足も、心なしか地底の世界より高く浮かび上がっている気がしました。まわりの人たちを見渡すと、みんな地底や宇宙船の中よりも高く浮かんでいました。「**これが月都市の特徴のひとつですよ**」と白いのっぽの宇宙人さんが笑いながら言いました。

「**まず、ラボへご案内しましょう**」と言う宇宙人さんについて、私たちもカリグラフィーの道を滑るように歩き始めました。道を行き交う宇宙人さんたちが「**ようこそ！**」

「こんにちは！」とテレパシーで声をかけてくれます。私も**「こんにちは！　ありがとう！」**と返事すると、瞬時にその声をかけてくれた宇宙人さんの情報を「知っていた」気がしました。中には、この月都市のラボで一緒に何かの調査をしていた仲間だった宇宙人もいました。金星や遠くの星で一緒に暮らしていた宇宙人さんもいました。地底の世界で親友だった宇宙人さんもいました。表の地球人に化けて決死の調査をしていた仲間だった宇宙人さんもいました……もう切りがありません。この月都市の宇宙人さんはみんな、何らかの縁があるように思えました。

少し戸惑っていると**「そう、それが平行次元たちとの『今ここ』での出会いですよ」**と白い宇宙人さんが教えてくれました。

「ラボに行けばわかりますが、その平行次元を利用して、私たちは三次元地球の表の世界を誰にも気づかれずに観察しています。それはホログラムではなく、平行次元のパラドックスの中で、実際に私たちが三次元の肉体を着て、表の世界で暮らしながら調査できている現実世界です。私たちは三次元世界の平行次元を自由に移動することができるので、三次元波動の地球人たちにとっては記憶も思い出も、昨日は昔からの友人だったけれど、今日は見ず知らずの人に化けてしまえます。もちろん何事もなか

ったかのように、明日は元の親友に戻って楽しくランチすることもできます。三次元の女性心理を探究するために、伴侶の関係を構築した平行次元を用いることもありますが、これはなかなかに修羅場を実体験することが多いので、宇宙人たちには人気のある……いえいえ、愛のエネルギーがボロボロになって疲れ果ててしまう危険度Sのミッションでもあります」

「白い宇宙人さんが大好きなミッションですよね、ダブル不倫や遊び人ミッションは？」と横からイルカさんが大笑いして言いました。

「そして殺されかけたら、いつもマイクロ・ホログラムを使って月のラボへと逃げ帰ってくるのですよ。白い宇宙人さんのマイクロ・ホログラムはいつも血で染まっている、と評判ですからね」と言われると、白い宇宙人さんは頭をかきながら、「どの平行次元もちゃんと空と無の世界に持ち帰って、無の世界で完全に浄化消滅させているのですから、そんなに責めないでくださいよ。皆さんだって、私が送った修羅場の映像をリアルタイムに楽しんでいたでしょう」とテレパシーで言い返しました。それを聞いていたみんなは一斉に大笑いしました。

月の医学　〜地球で〝ズタズタ〟に傷ついたら〜

「さぁ、ラボに着きましたよ」

そこは天井の高い白い空間に、無数の小さな映像が浮かんでいる部屋でした。中では、白、赤、青、緑、金、銀……さまざまな色の宇宙人たちがリクライニングチェアにもたれながら、次々と流れていく映像を眺めていました。興味のある映像は、指を伸ばして自分の方へと引き寄せて、大きな映像にして見ています。映像からは音声は聞こえないので部屋はとても静かですが、映像の音やそこに映し出された人間たちの感情は、テレパシー的に読み取られているのがわかりました。

「ここでは、表の世界の『今ここ』の情報をすべて読み取ることができます。人間の日々の暮らしの行為も想いもすべてモニターしています。日常生活や仕事や恋愛の中での迷いと決断、それをもたらした我欲とエゴの関与や変容のプロセスを興味深く観察しています。人間がどんな精神的プロセスを経て嘘をついたり騙したりするのか？

ふたごころ？　二枚舌？　そんな私たちが経験したことのない精神活動を実体験するために、表の地球へ地球人の肉体を着て降りていく研究者も大勢います。三次元波動に落としての実体験ですから、身心はもちろんのこと魂レベルもズタズタに傷つけられてしまいますが、それだけ得る情報と智恵も多いので、表の地球人に化けたい希望者は後を絶ちません」

「そこまで傷ついた宇宙人さんたちは、どうやって傷を癒やすのですか？」

「あまりに瀕死状態なら、すぐにこの月都市の医療センターへテレポーテーションしてしまいます。私たちの医療技術も、もちろん五次元宇宙の医術ですから治せないものはありません。そこまで重症でなくても、メンタル面でのショックがひどい宇宙人が多いので、みんな地底の世界でしばらくの間、休養してきてもらうようにしています。地底の世界の温泉は、身心魂を癒やす力がとても強いですからね。傷が癒えた宇宙人たちはみんな、キラキラのオーラをまとって、この月都市へと戻ってきます。もし表の地球の今の状況を知りたければ、キラキラのオーラをまとった宇宙人さんに話しかけてみると良いですよ。みんな、武勇談を喋りたくてウズウズしてますからね」

「地底の世界があまりに心地よいので、住み着いてしまう宇宙人さんも増えましたよ」と地底人の妹が嬉しそうに言いました。

「五次元宇宙には病気はない、と聞いていましたが、なぜこの月都市には医療センターがあるのですか？」

「地球人の言葉で言うところの『野戦病院』のようなものです。五次元から四次元へ波動を落とす時は、まず問題なく波動を落とすことができますが、五次元から三次元へと大きく波動を落としてしまうと、波動に歪みやノイズが生じやすくなります。そんな波動の乱れは、五次元宇宙人なら自動的に浄化調整されてしまいます。地球人の自律神経系のようなものですね。ところが三次元波動になると、波動の乱れの影響がとても大きく出てしまいます。肉体が被った傷やトラウマは、帰ってきて肉体を脱ぎ捨ててしまえば良いだけのことですが、メンタルの傷やトラウマは魂の波動にまで突き刺さっているので、どうしても魂レベルでの癒やしが必要になるのです。

三次元地球には魔物の世界もあります。表の人間たちの残酷で無慈悲で傲慢な感情が、地底の世界や地球意識体を汚染しないように神々が作った波動空間に、魔物たちがたむろしています。

魔物の世界は人間のガンのように、三次元人間たちが吐き出すメンタルな汚物をすべて回収蓄積してくれています。怒りの感情波動が集まって怒りの魔物に、憎しみの感情波動は憎しみの魔物に、絶望の感情波動は絶望の魔物になります。

このような魔物の世界は、五次元宇宙にはありません。三次元の人間世界だけにある宇宙でも稀な波動空間です。この魔物の世界には近づかないように、三次元の肉体を着て降りていく宇宙人たちに警告していますが、怖いもの見たさ……宇宙人たちは興味津々で、つい魔物の世界を覗いてしまいます。魔物の世界は底なし沼のような世界ですから、落ちれば三次元の肉体を脱ぎ捨てて逃げ出さない限り脱出できません。

何とか丸裸のまま逃げ出して宇宙船に助けられた宇宙人たちは、すぐにこの月の医療センターに搬送されます。魔物たちの噛《か》み傷は、五次元の肉体にまで及んでいて、身心魂の波動もボロボロに噛み砕かれていることもあります。この医療センターで手術が必要となるのは、このように魔物の世界へ堕ちてしまった宇宙人のケースがほとんどです。

この月都市の医療センターは、普段はメンタル面の傷やトラウマを癒やすことと、魂に刺さった邪念邪気を抜き去って波動を美しい五次元に戻すことを担っています。ここには六次元波動の医神さんも時々来てくださって、医の智恵や技術を教えてくださいますし、ここで手に負えないような重症の宇宙人は、ゼロ次元を介して八次元宇宙に運んで、八次元宇宙のエネルギーで完全に浄化と蘇生していただくこともあります。後で医療センターにもご案内しましょう」

「白い宇宙人さん、ここでモニターしている地球人がガンや精神障害になることもあると思うのですが、こちらからその人間に病気を気づかせたり、治したりすることはありますか？」

「それはしません。モニターしていると、この人は今日、脳卒中や心筋梗塞で死ぬな、ということもほぼ100%わかってしまいますが、それを知らせたり、治してしまうことはしません。できないわけではありませんよ。

表の人間たちの集合意識体の波動が、まだそれほど汚れて乱れていなかった頃は、夢や偶然の出来事を使って知らせてあげたり、病を波動的に消してしまうこともありました。モニターしている人間のこの先の将来を見てみたい、とこちらで思った時だけ、その人間の寿命に介入することは宇宙会議から許可されていましたからね。シャーマンやチャネラーにお告げを下したり、癒やしのパワーを一時的に与えたりしながら、これまでに多くの人間たちの寿命の呪縛を緩めてきたこともありました。歴史の流れが変わってしまうような人間の寿命に干渉することはしませんでしたが、市井《しせい》の人間の寿命を少し変えたくらいではまったく問題はありませんからね。

死の病が急に消えた人間とまわりの人間たちの心情の変化は、とても観察しがいのあるテーマになりました。人間に『今日、死ぬかもしれない』と気づかせて、その反応を見ていると、人間のこころに潜んでいた闇がどんどん浮き彫りにされてきます。人間が頼る『神』とは結局、人間にとってどんな存在なのか？　人間が口にする『愛』とは、どれほどのものなのか？　人間はどのように自分自身と向きあっているのか？　そんな『人間哲学』の生情報も、これまでにしっかりと蓄積できました。

しかし地球時間の２０００年以降、表の人間たちの集合意識体の汚れと乱れが年々悪化してくるに従って、人間の寿命への干渉も減らすようになりました。ひとつの理由は、もう十分に人間心理の情報を蓄積できたからです。もうひとつは、地球意識体が次元上昇の準備に入ったので、あまりこちらから五次元波動のビームを地表に向けるのは良くないだろう、と宇宙会議で決まったからです。表の地球人の集合意識体の波動の汚れと乱れがとてもひどい状態になってしまったことも、救いたい人間がいなくなってしまったことも要因です。２０１６年以降は、言葉は悪いですが『なるようになれ』と無干渉でモニターだけすることになりました。

この頃から表の世界のチャネラーやヒーラーたちの力が急速に衰えたことに気づいていましたか？　三次元地球は五次元へと次元上昇するために、繭の中に入ったようになったことと私たちが無干渉になったことが、表の世界の『精神世界』にも五次元覚醒をもたらす起爆剤となりました。この数年間で『精神世界』にも大きな浄化が起こったでしょう？　そのおかげで、あなたもこうやって今、私たちと月の都市にいるわけですからね」と白いのっぽの宇宙人さんがニコリと笑って言いました。

「選ばれし者」になれるのは

「もうひとつ、この月の医療センターには大きな役目があるのですよ」と後ろから自信に満ちあふれた太い声がしました。振り返ると金色のオーラがとても美しい仙人さんが笑っていました。

「あ、医神さま、ちょうど良かったです。今、医神さまのお話をしていたところです」

そう言いながら、白い宇宙人さんは医神さまとハグしています。

「『今日は大切なお客さんが月へ来るから、お話をしてきてください』と観音さまから頼まれましたからね。私もそろそろ地底の温泉が恋しくなってきていたので、大喜びでやってきた次第です」と医神さまは妹とハグしながら言いました。

「地球時間の2020年以降、表の地球人たちの中から『選ばれし者』たちを救済する計画があります。その救済計画は、月の医療センターが中心となって実行されます。ほとんどの三次元人間は、ホログラフィック平行次元に一夜のうちに収容されてしまうことはもう知っていますね。ホログラムの平行次元内とは言え、彼らが死んでも手放したくなかった我欲とエゴを持ったままの世界で今生を全うできるのですから、これも『神のご加護』かもしれません」と言いながら、医神さまは大笑いされましたが、目の奥に深い悲しみと慈愛が見えました。

「五次元波動になった地球には、すでに五次元覚醒した人たちと地底人さんたちが暮らしています。宇宙人さんたちも、もうモニターするためではなく、一緒に日々の暮らしを楽しむために大挙してやってくるでしょう。そして、この前の宇宙会議で決まったように、完全に浄化されて蘇生した三次元波動の地球も、地球の平行次元体の中に置いておくことになりました。これは何よりも地球意識体さんが望んだことですからね。今度で6回目ですか？　地球意識体さんの人間への愛は素晴らしいです。その三次元地球に移り住む人間のタネとなるのが『選ばれし者』たちです」

「医神さま、どのような人間が『選ばれし者』になれるのですか？」

「それは簡単なことです。魂の輝きを失っていない人間は、すべて『選ばれし者』です。2020年末までに表の世界の闇と毒は最大最悪になりました。そんな暗黒世界の中で、自分の魂の輝きを保ち続けるのは、とても容易なことではありません。暗黒世界が我欲とエゴをあおって、執拗《しつよう》に闇に引きずりこもうとしてくるからです。すさまじい暗黒世界の中で、魂の輝きを保つことができた人間こそ、新生した三次元地球を託せる人間だと言えるでしょう。

この月のラボから見れば、表の地球人の誰を救済すれば良いのかは明確です。魂の輝きをピックアップすれば良いのですからね。救済された『選ばれし者』たちは、この月の都市に収容されて、身心魂の浄化と蘇生を受けます。そして宇宙人さんの宇宙船で次元移行をして、新生した三次元地球へと降り立つことになっています。

古い地球の暮らしで持っていた智恵は、消去されることなくそのまま新生した三次元地球へと持って降りられます。暮らしていく上で必要な道具類も持っていきます。ただ新生地球には、電気もガスもインターネットもありませんからね、暮らしはとても自然に則した生活となるでしょう。医療の知識もそのまま持って降りますが、薬は持ち込めないことになっています。

前回5回目の新生地球へ降りた『選ばれし者』たちは、とても見事な縄文時代を創り上げてくれました。今回はどうでしょうね、神々も宇宙も楽しみに見守っています」

「医神さま、『選ばれし者』はどれくらいの数になりそうですか?」

「世界全体では100万人前後でしょうか。あなたが暮らしていた日本からは、私たちが期待していたほどの数は集まりませんでした。数万人……10万人いれば良しというところでしょう。ただ、それではあまりに少なすぎる! と危機感を抱いた神々が躍起になって日本人に覚醒をうながしています。

あなたがこうやって私たちの智恵とメッセージを本にしてくれているのも、そんな流れのひとつですよ。ほら、サンジェルマン伯爵の意識体が『私のメッセージを本にしてくれ』と直談判に来たこともあったでしょう。あの意識体は、三次元波動に留まると決めた意識体ですから、今は必死になってリクルートしています。彼の気持ちもわかりますが、五次元波動のあなたがいつまでも三次元地球に関わりあわなければいけないのも、何だか申し訳ないような気がしています。あなたに伝授した医の智恵は、三次元世界の人間たちには、とうてい理解できないものばかりですからね。あなたには早く五次元宇宙に戻ってきて、私を手助けして欲しいと思っています」と言いながら、医神さんは私をしっかりとハグしてくださいました。

「医神さまはよく『お前のお兄ちゃんに後を継いでもらいたい』とおっしゃってますものね」と地底の妹がウィンクしながら言いました。

「華佗老師もユトク老師も、私の良き後継者に育ってくれました。宇宙はどんどん進化と拡大を繰り返しています。宇宙次元も、フィボナッチや『整』や『独』の次元宇宙たちが生まれ拡大しています。あなたにはフィボナッチ次元宇宙を託したい、と思っています。このことはもうすでに神々たちの内諾も得ています。

あなたには大きな試練が次々と襲いかかってくるように感じられるでしょうが、あなたの精神と魂を磨き上げるためですから、がんばって乗り切ってください。古の聖者たちが登ってきた道です。あなたの中にも、古の聖者たちの血を注入してあります。だから大丈夫です。

聖者はいつも、聖者を支える天命を帯びた使徒たちに囲まれます。三次元世界にも五次元宇宙にも、あなたを支える天命を帯びた使徒たちが目覚めの時を迎え始めています。あなたがすべてをなげうってこの天命を果たしているように、新たに目覚めた使徒たちもすべてをなげうって聖者を支えてくれるでしょう。

あなたのまわりは、すでに五次元波動の海が広がっています。目覚めた者の魂たちは、あなたの光り輝く波動に触れたいと願っています。彼らの魂の声が聞こえるでしょう？　あなたに宇宙の医を託します。存分に楽しんでください。あなたはいつも私と共にあります」

私がキョトンとしていると、妹がギュッとハグしてくれました。妹の喜びの波動がとても心地よく感じられました。

未来の地球を見てみると

「ちょっと未来を覗いてみましょうか？」と言いながら、妹がラボに浮かんでいる無数の映像の中から、いくつかの映像をヒョイヒョイと指でこちらに引き寄せてV字にズームすると……そこには夜の地球が映し出されていました。

「これは2020年末の次元分裂直前の地球です。夜に見えるのは、波動識別フィルターをかけて見ているからです。もっとズームするとほら、小さな光の粒々が見えるでしょう？　あれが魂の輝きです。あの光の粒々をひとつ残らず収容しますよ」と言いながら、彼女がモニターに手を添えて何かを呟くと……夜の地球上に散らばっていた光の粒たちが、掃除機で吸引されるようにこちらへと集まってきました。

「これで任務完了！　おつかれさまでした」

そう言いながら別の映像をズームすると、大きな白い部屋にズラッと規則正しく寝かされている地球人たちの姿が見えてきました。老若男女、肌の色もさまざまでしたが、ひとつだけ、胸のあたりにリンゴ大の光の珠が輝いていることが共通点でした。

「これが『選ばれし者』たちですよ。これまでの情報からシミュレーションすると、女性の方が8対2で多いですね。1年前は7対3でしたから、男性の左脳化がますます顕著になっていますね。このままだと本番では女性ばかりになってしまうかも……まぁそれでも良いですけどね。ふふ、面白いシミュレーションをしてみましょうか？」

と言うと、悪戯っぽい笑みを噛みしめながら、映像に手のひらを当てて何かを呟いています。先ほどの映像がパッと青い地球に切り替わりました。

「これは男性の『選ばれし者』がゼロだった未来のシミュレーションです。ふふふ、三次元世界だから男性がいないと生殖できないでしょう。だから、お兄ちゃんの精子と選ばれし100万人の女性たちの卵子で子供たちを作った100年後の未来ですよ。ふふふ、お兄ちゃん、男冥利に尽きるでしょう？」

その場にいたみんなが大笑いしています。

「おいおい！」と言いながら映像に近づいて指でズームしてみると、アジアのどこかの海近くの村が見えてきました。天気も良く海も穏やかなので、今日はみんなで漁をするようです。村人たちの肌の色も髪の毛の色もまちまちで、女性6対男性4くらいに見えました。村人ひとりひとりの顔をズームして見ていくと、確かにどことなく私の面影は残っていましたが、そこは岡目八目、村の人々はまったく気づいていない様子でした。画面をスワイプして他の国々も見てみましたが、どこも同じでした。

「どうお兄ちゃん、アダムになった気分は？」

みんなが私の答えを待っています。

「正直、映画『マトリックス』の『スミス君』な世界になっちゃうかも、と心配もしましたが、ひとりの遺伝子にこんなにも多様性があると知って安心しました」

何人かの宇宙人たちが映像を引き寄せて、映画『マトリックス』を超早送りで見ながら、うなずいています。

「三次元波動の人間は、3世代先まで精神性はわかりやすい形で残っていきます。性格や思考パターン、心根の優しさや正直さなどです。4世代先からは、そのような精神性の遺伝は薄らいでいきますが、潜在意識の中には20世代先でも、ちゃんと原型の精神性は生き残って遺伝していきます。

三次元波動の精神性には、我欲とエゴが生み出す闇の面も織り込まれているので、この新しい世界もやがて平和と共存から、支配と戦いのヒエラルキー社会になってい

きます。それでも、今の三次元世界のような悪と闇に染まり過ぎた世界で魂の輝きを保ち続けることのできた、『選ばれし者』たちの精神性を新しい世界に伝えていくことで、この新しい世界の結末は、きっとこれまで以上に明るい未来になる可能性があります。ですから私たちは『選ばれし者』たちの男女比や国籍、人種などにはまったくこだわっていません。いざとなれば、あなたのタネがありますからね」

白いのっぽの宇宙人さんがそう言うと、まわりのみんなが拍手しながら大笑いしました。

「選ばれなかった人たちがどんな夢の世界を楽しんでいるのか？　も覗いてみましょう」

そう言いながら、妹が別の映像をズームしてくれました。

そこには、今の表の世界がそのまま広がっていました。いつも通りに朝を迎え、満員電車で会社へ行き、仕事をしています。急いでランチを食べて、残業して、生気なく家へ帰り風呂に入って寝るだけの一日が見えました。やがて年老いて病になり、病院で死んでいきます。他の人生を見ても、貧富や幸不幸の差はありますが、どれもお金と時間の奴隷と化した家畜のような人生ばかりでした。車を買った、家を買った、自慢できる伴侶を得た、子供も授かった、出世できた、成功できた、幸せになれた……そして死に際に想うことは「これで良かった。でも……」でした。

大地震ですべてを失った、未知の疫病ですべてを失った、大戦争ですべてを失った、気象変動で住み家を失った、宇宙人に奴隷にされて自由を失った、宇宙戦争で地球を失った……そして死に際に想うことは「仕方ないな」でした。

「このような人間たちに、新生した地球を委ねることはできないでしょう？」

先ほどの「選ばれし者」たちが創る未来とは雲泥の差がありました。自分軸のあるなしで、こんなにまで未来が変わってしまうことに、私は驚かされました。

キーワードは「自分軸」

「五次元宇宙では誰もが自分軸を持っています。ですから誰も、自分軸とは何か？　とは考えたこともありません。私は私、それだけのことに何を悩むのでしょうか？　と不思議がられてしまいます。もし自分軸が揺らいでいると重力子体も揺らいでしまい

ますから、宇宙では歩くことすらできなくなってしまいます。自分軸という観点からも、三次元の地球人は面白い観察対象でした。月からの長年の観察結果と実際に表の地球人として暮らしてみたレポートから、三次元人間たちの支配と従属のヒエラルキーが強まるほど、自分軸を見失ってしまうことがわかりました。

自分軸がある人間を、恐怖と暴力や我欲とエゴで呪縛して奴隷化することは、なかなかできませんからね。拷問の苦痛に屈しても、伴侶や子供への愛を痛めつける愛の苦悩に屈しても、自分軸を失わない人間がどの時代にもいました。そのような自分軸のある人間たちには、地底の世界への扉が見えていました。地底の人々が早くから私たち宇宙人と同じように五次元波動化できたのは、地底の人たちのルーツが、どんな逆境下でも決して自分軸を失わなかった勇者だったからでしょう。今、三次元から五次元への次元上昇がお祭りのように囃《はや》し立てられていますが、自分軸がある三次元人間は、いつの時代でも、自《おの》ずと五次元へ次元上昇できてしまうものなのです。

自分軸を失ったらどうなるのか？　自分軸とは何なのか？　それらを実体験できる学びの場が三次元地球でした。だから今回も三次元地球を平行次元に蘇生させることに決まったのです。宇宙で医術に携わる者としては、自分軸が揺らぐような病など想像もできないからこそ、時々はそんな自分軸が揺らいで七転八倒する三次元人間を観察したり、実体験してみることも必要だと思います。まぁ私はもう神ですから、実体験はしませんけどね」と医神さまが笑いながらおっしゃいました。

「自分軸がないから三次元人間たちには、時間の流れが直線にしか見えないのです。過去から未来へ時が流れる。確かに三次元世界には時間の流れがあります。しかし三次元人間たちは、過去と未来だけを必死に見ているだけで、『今ここ』が見えていないことに気づいていません。だから自分軸がグラグラと揺らぎ続けるのです。過去、未来、過去、未来……と永遠に揺れ続けるヤジロベエのようなものです。

『今ここ』に立つには、自分軸が見えていることが必須です。自分軸の何たるかを知るためには、過去と未来への逃避をやめて『今ここ』に立たなければいけません。過去と未来からは、ありとあらゆる不安が押し寄せてきます。不安は恐怖、怒り、憎しみ、悲しみ、自己否定、孤独……闇と毒の世界を作り出して『今ここ』を何重にも覆い尽くしてしまいます。本当は三次元世界でも『今ここ』しかないのに、『今ここ』を見失ってしまうと過去の不安が未来の不安を次々に具現化していく不幸のどん底を彷徨い続けることになってしまいます。

『今ここ』に立つと、自分の平行次元がいくつも『今ここ』から伸びているのが見えます。昨日の不幸のままの平行次元も見えます。とてもラッキーが続く平行次元も見えます。病気のままの平行次元もあれば、病気が治った平行次元もあります。『今ここ』に立てば、どの平行次元にでも移行できます。もし自分の魂が大きな使命を帯びていたり、神々や宇宙が大きな天命を下していたりすると『今ここ』に立っても、見えてくる平行次元は極限られた数しかないこともあります。

自分の病や貧困のどん底が誰かの気づきの役に立っている場合には、平行次元の乗り換えに『待った！』がかかることもあります。来たるべき天命や天職の成就のためには、『今ここ』でこれまで通りの苦渋の平行次元を進まなければならないこともあります。そのような宇宙と神々の定めも『今ここ』に立てば、自ずと見えてくるので粛々と『今ここ』を生きることができます。そして人生の大節目が来れば、ここぞとばかりに自分軸がより太く高くそびえる平行次元を選ぶことができます。それが宇宙や神々の意図であることが見えているので迷いはありません。宇宙や神々に生かされているようですが、自分軸で自分らしく、本当の自分を生きている喜びに満たされています。

自分軸があると、過去も未来も『今ここ』にあります。もう時間の直線的流れはありません。『今ここ』に次々と集まっては消えていく平行次元たちの中から、今これだ！　と直感した平行次元に飛び乗るだけです。三次元世界にあった回転寿司に例えるなら、自分軸のある人は、流れてくる寿司の中から自分の食べたい寿司だけをその都度選んで食べています。自分軸のない人は、流れてきたものをそのまますべて食べようとして破綻してしまいます。『今ここ』の平行次元の移行に慣れた五次元人は、流れてくる寿司を横目に見ながら、自分の食べたいものだけを注文して食べているでしょう。古くなってもったいないからだとか、乾いてしまってかわいそうだからとかいう自己犠牲の感情は、自分軸のある人には湧きません。天命や天職に生きることが結果的に自己犠牲に見えることはありますが、『今ここ』に立っていると、どんな結果でも喜びと感謝しか味わえなくなります。ハズレ、失敗、ダメ、損……は『今ここ』にも自分軸にもありません。

直線的な時間があるのは三次元宇宙だけです。五次元宇宙にも神々の世界にも、過去から未来へと流れる時間はありません。過去も未来もない、と言ってしまっても良いでしょう。五次元宇宙には、まだ平行次元がブクブクと泡だって現れてはパチーン！　と弾けて消えてしまう平行次元の移ろいがありますが、私たち神々の世界には、もう平行次元さえ、ひとつの大いなるエネルギー体になっているので気にならなくなります。

だからこそ神々は、宇宙でも珍しい過去と未来に翻弄され続ける人間たちを見守りたくなるのです。私たち神々も、三次元人間たちと関わっていく中で、私たちの善や慈愛の感情を研ぎ澄ましていき、やがては七次元の龍神へと進化できる日を楽しみにしています。それは五次元宇宙を六次元へ、六次元を七次元へと進化させるステップになります。どの次元宇宙も今、進化の時を迎えています。皆さんも私たちと一緒に進化のエネルギーを楽しみましょう」

医神さまに向けて、みんな拍手を送っています。私はもう一度、医神さまにしっかりとハグしていただきました。今、医神さまが語ってくださった智恵がスッと私の中に流れ込んできたのがわかりました。

「この智恵も地球の人たちに伝えてあげてくださいね」

医神さまの声に、私は力強くハグしてお応えしました。

全宇宙の情報集結！「月の医療センター」

「**さぁ、医療センターも見ていただきましょう**」

私たちは白い宇宙人さんに先導されて、４つ先の建物まで移動していきました。

その建物のまわりには、特にたくさんの木々が植えられていて、まるで森の中の療養所のように思えました。建物は宇宙人さんの宇宙船と同じ材質でできているようでしたが、触れてみると、宇宙船や先ほどのラボよりも柔らかく優しく温かなエネルギーを感じました。目が慣れてくると、建物全体とまわりの木々たちが薄いピンク色のオーラで包まれているのがわかりました。

「**ここは医療センターですからね、月の都市で最も愛のエネルギーが強くなっています**」

医神さまがそう言いながら手を建物にかざすと、オーラがピンクから赤に変化して、私の体のソマチッドたちが大喜びしているのが感じられました。私の足もフワッと地面から高く浮かび上がっています。胸のハートチャクラから慈愛の涙があふれ出てきました。妹を見ると、彼女の頬にも感謝の涙がこぼれ落ちているのが見えました。

「宇宙人さんたちにも涙はあるのかな?」と振り返ってみると、涙がこぼれている宇宙人さんもいるし、肌の色が前より赤身がかった宇宙人さんもいました。何の変化も見られない宇宙人さんにも、そのオーラの中に愛の粒々がキラキラと輝いているのが見えました。目に見えない宇宙人さんや霧のような宇宙人さんのまわりにも、金色やピンクやオレンジ色の粒々が輝いているように感じました。もうこの愛のエネルギーを浴びただけで、すべての病が消えてしまうだろう、と思いました。

「そうですね、宇宙人たちも、ごく稀にちょっとした不調を感じることがあります。昆虫型や爬虫類型の宇宙人さんたちの中で、脱皮する習慣を保っている宇宙人さんは、エネルギーロスを感じることがありますし、カエル宇宙人さんやチョウチョ宇宙人さんは、変態する時には少し不調が出やすくなります。

そんな時でも、この森で寛《くつろ》ぐだけですぐに回復できてしまいます。医療センターの中で本格的に治療することは滅多にありませんよ。あっ、噂をすれば……この医療センターの代表が出迎えてくださっていますよ」

白い宇宙人さんが指さす方を見ると、医療センターに大きな半円形の入口が現れて、そこにカエル型の緑の宇宙人さんがニコニコしながら立っていました。

「カエル先生、お出迎えしていただき、ありがとうございます！」

「皆さん、お久しぶりです。地底のゆなさん、この方が自慢のお兄さんですか」と言いながら、カエル先生がハグしてくれました。

プヨプヨした温かい体を心地よく感じながら、**「妹がいつもお世話になっているそうですね。いつもありがとうございます」**とお礼を言いました。

「本当にあなたの妹さんは、アドベンチャー大好きなおてんば娘だからね。今日は医療センターの中をご案内しましょう。何でも質問してください。遠慮は要りませんよ」と言いながら、水かきの痕跡が残る手のひらで私の頭をペチャペチャと叩いてくれました。

医療センターの中は、天井も床も壁もすべてが真っ白の光でできているように感じました。中はとても大きな部屋を中心に、たくさんの小部屋がまわりを囲んでいる構造になっています。さまざまな姿の宇宙人さんたちが部屋を出入りしていますが、忙しそうだったり、慌てている宇宙人さんはいません。センターの中も愛のエネルギーが心地よく循環しているのが感じ取れました。

カエル先生について中央の大きな部屋に入ると、中は見たこともない医療器機やモニターが三重の円形に並んでいて、その中央には、天井まで伸びた円筒形の透明な容器に入った紅色に輝く楕円《だえん》形の光が見えました。紅の光の中は、真っ赤な流体がゆっくりと循環しているように見えます。

さまざまな姿の宇宙人さんたちがモニターと器機を操作しながら、テレパシーで会話しあっています。三次元世界の医療センターのように、モニター音や器機の操作音が四方八方から押し寄せて来て、それだけで自律神経がすり切れ寿命が縮まってしまう嫌な気分になることは、ここではあり得ません。スピリチュアルや波動医学を謳《うた》ったようなBGMも聞こえませんが、とてもこころが安らいできて、ここにいるだけで身心魂が蘇生され元気になってくるような気がしました。

「**この医療センター全体がひとつの意識体です。各部屋はバイオ・ホログラムで構築されているので、必要な器機やモニターはもちろんのこと、ベッドやイスも、コーヒーやお菓子だって、ほら！　この通りです**」とカエル先生が言うと、私たちの前に地球風のコーヒーとお菓子が床からワゴンにのって現れました。私のコーヒーは、グアテマラのエレナ農園の豆を2度深煎りした味で、お見事！　としか返せない味わいでした。妹のコーヒーは、やはり大好きな深煎りコーヒーに豆乳をハーフ＆ハーフに入れたカフェオレでした。

「この医療センターは、全次元宇宙のあらゆる情報と繋がっています。特に太陽系の情報は重要ですので、このセンターに直接置いてあります。みなさんの生体情報も精神情報も魂の波動情報も完璧に保存されています。地球のすべての平行次元も、三次元波動時代のあなたの平行次元情報もすべて保存できていますよ」とカエル先生は私に向かってウィンクしながら言いました。

「もちろん医神さまの後継者たる大先生の昔のプライバシーは、しっかりと管理されていますから、外部流出する危険性はゼロですよ。まぁ、もっとも妹さんはあなたの波動から、すでにすべてを読み取ってしまっていますけどね。あんなことも、こんなことも……」と言いかけたカエル先生の頭の上に、妹が想念で創った石をドーンと乗せると、カエル先生はグニュッと潰れたふりをして、みんなを笑わせてくれました。

「ほら、いつものカエル先生とゆなさんのコントが始まりましたよ」と宇宙人さんたちも大笑いしています。深緑色の龍神が歩み出てきて、二次元に潰れたカエル先生を引き起こしてくれました。

「カエル先生も、ゆなさんが来るといつも大はしゃぎするのですから困ったものです」と深緑の龍神さんは、みんなにテレパシーで謝りました。

「これが私のパートナー・ドラゴンさんです。宇宙の果てまでのお使いでも難なくこなしてくれる素晴らしい龍神さんで、私の誇りです。私は『キラ』と呼んでいます」

と二次元の姿のまま、カエル先生は龍神さんを紹介してくれました。

三次元波動の肉体に必要不可欠な「龍神」

白い宇宙人さんがキラを撫でながら説明してくれました。

「五次元宇宙には、もう病はありません。そのことはご存じですね。では、五次元宇宙に五次元医学はあるのか？　という点では、ちゃんと五次元医学はあるのです。そして五次元医師はみんな龍神の使い手です。

五次元宇宙の波動で治せない病は、龍神さんに宇宙をくまなく駆け巡ってもらって、治療材料や薬を探し出してきてもらったり、六次元世界の観音さまや医神さまを呼んできてもらったりしています。ゼロ次元のゼロ・ウォーターやゼロ・エアーを取り寄せるのも、龍神さんだからこそ簡単にできることなのです。

ここには龍神の医師もいますよ。彼は龍神たちの長《おさ》との連絡係をしてくれています。『選ばれし者』たちに宿る龍神たちに一糸乱れぬ働きをしてもらうためには、龍神たちの長の号令が必要ですからね。地球からホログラフィック平行次元に搬送した多くの地球人たちに宿っていた龍神たちを救い出す大仕事も待っています。我欲とエゴと煩悩の毒を浴び続けて化石化してしまった龍神たちですが、龍神のお医者さんなら、きっとうまく龍神たちを目覚めさせて故郷の七次元世界へと送り届けてくれることでしょう」

「そう言えば、地底人たちにも龍神は宿っているのですか？」と妹に尋ねると、龍神のキラが代わりに答えてくれました。

「地底人さんたちは、すでに皆さんが五次元波動になっています。私たち龍神は、必要とされているところに宿ります。三次元波動の肉体には龍神は必要不可欠な存在ですが、五次元波動になってしまうと、もう龍神は不要になります。ご自分の想念の具現化力と五次元感性だけで何でもできてしまうからです。

地球の三次元世界はあまりに毒されていて、私たちは三次元人間の下丹田《げたんでん》に宿ったまま化石化してしまい、本来の使命を果たすことができませんでしたが、五次元人間に宿っても、今度はヒマすぎて居眠りし続けるしかなくなってしまいます。

私たち龍神は、使命を果たすべく宇宙を飛び回っていれば、太く大きく強く美しくなっていきます。眠ったままでは、やせ衰えてしまうのです。ですから五次元化した存在に、私たちはもう宿らないことにしています。もし龍神の助けが要る時には、ヘルパー役の漆黒の大龍神さんがすぐに現れてくれますから心配は要りませんよ」

「地底の世界には、龍神さんたちはいないということですか？」

「いえ、地底の世界で地底人さんたちと一緒に暮らしている龍神たちもいます。彼らは地底人さんに宿るのではなく、地底人さんと一緒に地球をモニターしたり、表の世界から滴り落ちてくる猛毒を浄化しながら地底の世界を守る使命を果たしています。

表の人間たちは三次元科学を悪用して好き勝手なことをし過ぎてしまい、三次元の地球意識体さんのイライラもピークに達しています。もうこれまで何回も表の世界の『地球最後の日』が訪れたはずでしたが、地底人さんと宇宙人さん、そして私たち龍神の説得と毒の浄化で、何とか2021年まで、その日が来るのを先延ばしすることができました。

私たち龍神は七次元波動ですので、地球の中へも自由に入っていき、マントルや溶岩溜まりに手を加えることができます。地軸の揺れを調節していなければ、すでに地軸は逆転していたはずです。地底の世界を守ることが最優先ではありますが、できるだけ表の世界も温存していくように、私たちも努めています。地底で暮らす龍神たちは、個人を守る使命ではなく、地球を守る使命を担っていると思ってください」

龍神のキラがちょっと胸を張って、教えてくれました。

「宇宙人さんたちにも龍神さまは宿っていないのでしょうね？　宇宙人さんたちは、龍神さまを使うことはもうないのですか？」と尋ねると、カエル先生が答えてくれました。

「宇宙人に龍神が宿っていることはありません。地球人のように三次元波動のままの宇宙人になら龍神たちも宿りますが、この太陽系には地球人以外の三次元宇宙人はいませんからね。宇宙の医療を担う医師としては、そこで頭を抱えてしまうことがあります。

特に最近のように三次元地球の毒と邪念が最高潮に達してしまうと、三次元地球に降りていった宇宙人たちも酷い毒と邪念に冒されて瀕死の状態で、しばしばこの医療センターへ搬送されてきます。

肉体的な毒の汚染なら、汚れた肉体を脱ぎ捨ててしまえば、後は宇宙の愛のエネルギーで浄化と蘇生をしていけば大丈夫なのですが、最近の地球の毒と邪念は、宇宙人たちの波動まで冒していきます。魂の波動まで邪念に冒されて重体のまま、このセンターに入院している宇宙人もいます。三次元人間たちの邪念や呪詛が悪霊、生き霊、魔物となって波動的に霊障してくると、五次元宇宙人たちも防ぎようがありません。

三次元人間たちは、光と闇、善と悪、損と得、主《あるじ》と奴隷……そんな二元性の世界に生きていました。宇宙人たちは実体験したことのない二元性の世界へワクワクしながら降りていったのですが、二元性の猛毒に冒されて、この医療センターへ這々《ほうほう》の体《てい》で逃げ帰ってきます。宇宙人の種族によって現れる症状はまちまちですが、治療法は猛毒の排泄と浄化、そして蘇生しかありませんので、ほとんどすべての宇宙人たちは、この医療センターで治療できています。

五次元波動の宇宙人でも、三次元波動の猛毒には敵《かな》わないのです。五次元宇宙には病はありませんが、三次元波動の病には冒されてしまう、ということです。

五次元宇宙には、このような医療センターはあまり必要とされていません。ただ、地球のように三次元世界が花咲いている惑星の近くには、規模の大小はありますが、このような医療センターが設けられています。

地球が近代に入る前、そう産業革命が起こる前までは、この月都市は小規模な『村』でした。よほどの地球人好きか、三次元文明の研究者しか、わざわざこんな野蛮な惑星を観察しようとはしませんでしたからね。中世の地球に降りて、魔女や錬金術師として拷問されたり処刑されたりした宇宙人もいましたが、我々が作った三次元肉体は、それくらいの攻撃は物ともしない強靭《きょうじん》なスーツでしたので、どれもかすり傷だけで済んでしまいました。放っておいても数日で、自己治癒力と宇宙の愛のエネルギーの蘇生力だけで治ってしまうものばかりでしたので医療センターは不要でした。

ごく稀に、宇宙船の事故で重傷を負う宇宙人もいましたが、そんな時は事故を察知して駆けつけてきた宇宙船に収容して、大きな医療センターのある惑星に搬送すれば良いだけでした。

たとえ五次元波動の肉体が修復不能になっていても、それを新たな肉体へ脱ぎ替えれば良いだけです。問題となるのは、意識体や魂の波動が損傷したり乱調になった場合ですが、そんな時は龍神たちが大活躍してくれます。病んだ意識体や魂を空と無の世界に運んで癒やしたり、ゼロ次元へ連れて行ってゼロ次元の神さまに治してもらったりしながら、しばらく安静にしていれば治ってしまいます。

この地球のように、三次元の地球人と五次元の地底人がそれぞれの次元地球で同居している実験惑星では、五次元地球の地底の世界の空気や水に治癒力があり、その中でも特に温泉は標準的な五次元宇宙医療センターよりも、治療力が数段上回っていることがわかっています。表の世界が近代化するまでは、三次元世界に降りていった宇宙人たちはみんな、宇宙船に戻ってくる前に必ず地底の世界に立ち寄って、地底の温泉で浄化と蘇生を受けることを楽しみにしていました。死者の国、黄泉の世界が地底にある、と伝説化されていたのも、あながち間違いではなかったわけです。聖者や覚者たちは、死ねば地底の世界に戻ることを知っていましたからね」

「カエル先生、太陽系外で最も近い医療センターはどの星にあるのですか?」

「プレアデスとかオリオンと言って欲しいですか? プレアデスまでは444光年、オリオン大星雲までは1300光年、皆さんがリゲルと呼ぶ星までは800光年で、ベテルギウスまでは400光年離れていますよね。この距離に意味が見出《みいだ》せますか?」

と逆にカエル先生に突っ込まれてしまいました。

「金星に開いたポータルに入れば、距離も時間の感覚も意味がなくなってしまいます。地球から金星までは、急げばクシャミひとつ分です。ポータルに入れば、どの星の医療センターにでもコーヒー1杯分で到着しています。まぁ、これでも龍神さんたちが泳ぐ速さの万分の一ですけどね」

龍神さんもニコニコ笑っています。

「三次元天文学で言えば、最寄りの医療センターは、とびうお座の中の130光年ほどの距離にある惑星にあります。次に近いのは、おとめ座の中の26光年ほどの距離にある惑星です。もちろんどちらの惑星も三次元科学ではまだ発見されていません。三次元の左脳人間さんは、これだけで混乱してしまいますが、五次元に慣れれば、当たり前のことですよね」

三次元人間にとって、時間とは過去から未来へと一直線に流れるものでしたが、それは「今ここ」に立てていないからでした。距離も同じです。遠くの星が近く、近くの星が遠い。そもそも星の距離を比べること自体が無意味なのです。時間と距離の無意味さに気づかないうちは、万病を手放すこともできないのでしょう。三次元世界にはびこる万病の根本原因のひとつは、この時間と距離のパラドックスにあるのです。

「そうですね、この月の医療センターでも、三次元の猛毒に冒されて時間と距離の奴隷となってしまった意識体を、波動レベルでしっかりと除染浄化する治療を行っています。三次元意識で『私は誰？　ここはどこ？』があまりに強くなってしまうと、虚無の世界に堕ちてしまい、魂の光を自ら覆い隠してしまいます。三次元肉体に埋め込まれたモニターチップも虚無の世界では機能しなくなり、最悪のケースでは虚無に堕ちた宇宙人を見失ってしまったこともありました」

虚無の魔物界　～三次元の猛毒～

「三次元の虚無の世界は、そのまま魔物の世界と繋がっています。三次元の肉体スーツを着たままの宇宙人は、魔物たちにとっては三次元人間と同じですから、取り憑かれてしまうと誰かが救出してこない限り、魔物の世界に永久に囚われたままになってしまいます。

月都市のラボから、『この宇宙人さんは最近、危ない兆候が出ている』と医療センターに連絡があれば、その宇宙人のモニターをこちらで引き継いで、『いよいよ虚無に堕ちそうだ』と判断されれば、宇宙船を派遣して半ば強制的にこの医療センターに送還してしまうこともあります。

最近の三次元世界では、うつや生きがい喪失から失踪や自殺する人が増えていますが、その中に中身が宇宙人だった人も結構多いのです。それは虚無に堕ちる前に三次元肉体スーツを脱ぎ捨ててもらっただけで、中身の宇宙人はちゃんとここで除染浄化されて、元の五次元宇宙人に蘇生されています。

三次元肉体スーツをどのように脱ぎ捨てるかは、その人の意識体と魂が決めることですが、三次元世界に遺《のこ》された家族に何かを気づかせるための最適な死に方を選ぶことが多いです。ただ、魂レベルではそのような想いも通じあえますが、三次元の毒に染まった意識体では、せっかくの想いも水泡に帰してしまうこともしばしばです。

死は三次元世界にしかありません。五次元宇宙では、肉体を着替えることを『死』とは呼びません。

三次元世界は時間と距離にしっかりと呪縛されているので、『死』が不安の根源に居座り、さまざまな負の感情で我欲とエゴをあおり立てています。それが猛毒となって、今のような暗黒の三次元世界を作ってしまいました。

五次元宇宙には、死も不安も時間と距離の呪縛もありません。どんなに三次元の猛毒に冒されていても、五次元波動に目覚めることができれば、すべての猛毒を除染浄化して、元の五次元意識体へと蘇生することができます。

今や三次元世界が吐き出している猛毒は、表の地球だけでなく、五次元波動のシールドを冒して、五次元の地底の世界や月へ、太陽系へと広がろうとしています。

この医療センターの大きな役割のひとつに、三次元地球人だけでなく、五次元の地底の世界、五次元地球と月、そして太陽系全体を三次元の猛毒から守る使命が課せられています。もし手に負えなければ、最終手段として三次元地球を消去する許可も宇宙会議から得ています。それは三次元の平行次元がひとつ消えるだけですから、宇宙には何の影響もないのですが、長い間、この月から地球を観察してきた宇宙人としては、やはり何とか残しておきたいと思っています」

「三次元の表の地球人たちはどうして、自分たちが吐き出している猛毒がこんなにも地球と地底人、宇宙人たち、月と太陽系の波動を汚染してきていることに気づけないのでしょうね?」とイモムシ型の黄色の宇宙人さんがため息をつきました。それを受けてカエル先生が続けて話してくれました。

「自分たちが地球の主だと思っているからです。三次元波動の地球人にとって、地球は地殻とマントルと核でできた球体なので、生物は地球表面にしか存在できず、自分たちが生物の頂点に立っていると思っています。

それは、私たち宇宙人と地底人が三次元地球の地殻に張り巡らした五次元ホログラム・シールドにずっと騙されてきたわけですから、お山の大将なのも仕方ありません。現在の彼らの科学技術を戦争と支配と猛毒生産に向けなければ、今ごろはホログラムの向こうに『何かすごいものがあるぞ!』と気づいていたはずです。人間の精神性も向上して、世界中至る所に地底の世界と繋がるポータルを見つけることもできていたでしょう。この6回目の三次元文明は、またしてもポータルを開くことはできませんでしたが、以前よりも五次元覚醒してくれた人間たちが増えたことは、大いに喜ぶべきことでしょう。

三次元人間たちも瞑想誘導や無念無想の祈りを通じて内なる宇宙と繋がり続ければ、

いつの時代でも地球意識体や宇宙意識体、宇宙人や神々と対話できるはずでした。三次元人間が劣っているわけではなく、三次元人間も五次元宇宙人たちと同じ感性も能力も持っています。ただ、それらを封印して眠らせていただけでした。持っていたことを忘れてしまっていただけで、誰もが生まれながらに五次元感性と能力は魂に内在していました。三次元肉体が五次元能力を、三次元の精神性が五次元感性を封印したからこそ、三次元人間社会を実体験できたわけです。

三次元人間の医療とは病気の症状をなくすことでした。痛みが消える、元通りに動かすことができる、腫瘍が消える、食べることができる……対症療法が医療でした。この150年ほどは、対症療法を効率よく奴隷を支配する手段として磨き上げて、その結果、ますます難病、奇病、死病が増加蔓延《まんえん》していくという、五次元宇宙人にとってはとても観察のしがいのある医療世界を見せてきてくれました。

しかし、さすがにこのままでは万病で三次元世界が滅亡してしまうという危険ゾーンに入ったので、医神さまやお薬師さまが推挙してくださった宇宙人たちを大勢、表の地球に送り込んで、本来の医学に目覚めるように仕向けたのが地球時間の30年前でした。

三次元の猛毒を浴びながら本来の使命に目覚めることは、選抜された五次元宇宙人といえども並大抵のことではありません。多くの宇宙人たちが三次元世界の猛毒に冒されたまま、そのしがらみから目覚めることはできませんでした」

そう言いながら、まわりで聞いていた宇宙人さんたちから落胆の波動が伝わってきました。

「**この月の医療センターは、表の地球から三次元波動の猛毒が地底の世界や五次元宇宙へと漏れ出さないように対処するという大きな役割も担っています。地球管理室もお見せしましょう**」

カエル先生について、みんな隣の半球状の部屋へ移動しました。

月の地球管理室　～放射能・原発・病気も丸見え！～

地球管理室は、天井も壁も床も一面が美しい海の色をして、海の中にいる錯覚を感じました。正面の大画面には、月から見た地球が映し出されていて、そのまわりには、いくつもの小さい映像が見えました。ここも10人ほどの宇宙人たちがリクライニングチェアで寛ぎながら、それぞれの映像をチェックしていました。

「この正面に見えるのが今の三次元波動の地球です。ここでは主に三次元波動の地球を監視しています。地球人風に言えば、過去から未来までの地球の情報をすべて可視化できます。例えば……」

そう言いながら、カエル先生が大画面に向かって指を鳴らすと、焼けただれて濃い灰色に染まった無惨な地球が見えました。

「これは1990年代に核戦争で人類が滅亡した平行次元の地球です。ちょっと巻き戻してみましょうか」

画面が見慣れた青い地球の姿に戻り再生を始めました。ポン！　と真っ赤な花火が上がりました。それは中東のあたりでしょうか？　すぐにポン！　ポン！　ポポポーン！　と深紅の連続花火が上がっています。アメリカ、ヨーロッパ、アジア、インド、太平洋上も大西洋上も、北極も南極も連続花火で真っ赤に染まっています。すぐに花火の黒煙が地球を被《おお》ってしまい、地球は真っ黒なススだらけの星になってしまいました。

「30年後が最初に見ていただいた地球の姿です。見るも無惨な姿でしょう。こうなる危険性が私たちのシミュレーションで80％を超えたのが地球時間の1987年の初めでした。以前からの計画通り、直ちに時空干渉シナリオ・ベータをこの月の都市から発動して、この平行次元は封印されました。ただし、三次元地球人たちに対する警告の意味を込めて、近未来の地球の波動ビジョンとして、チャネラーや宗教者、目覚め始めた人たちなら誰でも覗き見できるように配慮してありました。予言者たちには、わざとこの波動ビジョンを見せたりもして、地球人たちの反応を観察させてもらいました。

これ以後は時空干渉するほどの大規模な干渉はしていませんが、国家や経済界レベルで危険を排除したことは時々ありました。今の三次元地球の危険度は80％を超えて90％に急速に近づいてきています。このまま放置すれば、例えば……」と言いながら、カエル先生が指を鳴らすと、アイスボールになった地球が映し出されました。

「これは地球意識体さんが我慢の限界を超えてしまった近未来のビジョンです。地球時間で2025年～2030年頃でしょうか。地球さんの怒り次第で多少は前後します。地球さんが三次元世界の地殻でいくつか大噴火を起こさせれば、表の人間は1年で絶滅してしまいます」

そう言いながら、カエル先生が指を鳴らすと地球の断面図が現れました。それを見ると、表の世界から地底の世界へと流れ出ている猛毒や邪念の状況がリアルタイムでわかるようになっていました。すでに猛毒と邪念は、五次元の地底の世界のすぐ上にまで迫ってきています。

「表の世界と地底の世界には、次元を隔てる次元シールドがあるので、本来はまったく別々の地球の話なのですが、三次元世界があたり構わず吐き出す猛毒と邪念が地球に染み込むと、三次元地球自身の波動が乱調してしまいます。五次元地球に暮らす地底人さんたちの世界にも、その猛毒と邪念の波動が魔物の涎《よだれ》のように滴り落ちて、地底人さんたちの波動を乱す恐れがあります。これは地底人さんたちにとっては由々しき事態です。

地底人さんたちが怒りにまかせて、表の地球さんに大噴火を起こさせるようなことはしませんが、表の世界から地底の世界へ滴り落ちてくる猛毒と邪念があまりに酷くなると、自己防衛として表の世界を排毒浄化してしまうことは、宇宙会議ですでに許可されています。地底人さんたちには、三次元医療では診断も治療も絶対不可能な疫

病を表の世界に使う許可も下りています。この疫病は、表の地球人だけを排毒浄化するように波動調合されているので、表の地球で暮らす動植物から細菌バクテリアに至るまで、人間以外のすべての生物が温存されます。万が一、地底人さんたちを怒らせた時には、こちらの近未来になるでしょう」

カエル先生がまた指を鳴らすと、大画面にくすみが取れて鮮やかさが蘇った青い地球が見えました。

「うーん、やっぱり人間のいない地球の方が、地球のため、宇宙のためには断然良いですね」

ズームして都市部を見ると、コンクリートの建造物たちが人類の墓標のように林立していました。飛行機や自動車、船などはまったく動いていません。もちろん人間たちの姿も見えませんでした。

「疫病で死んだ人間の骸《むくろ》は、あまりに毒性が強いので、生き残った動植物たちの害になります。疫病で死ぬ人間が出始めた頃から、毎夜、宇宙人の宇宙船に汚染された死骸をすべて回収してきて、この月の医療センターで完全浄化することになっています。表の人間たちは放射能汚染されていますからね。宇宙空間に放射能をまき散らさない

ように、注意して浄化廃棄します」と言いながら、カエル先生が指を鳴らすと、真っ黒な地球画像の上に赤い光が無数に見えました。

アジアから太平洋に伸びた赤い帯が目立ちます。ひと目でこれが地球の放射能汚染マップだ、とわかりました。カエル先生が指でズームすると、国々のどのエリアの汚染が酷いのか？　放射能が漏れ出している原発や隠し持っている核兵器まで映し出されています。パチーン！　と指を鳴らすと、赤ちゃんから子供、青年、成人、老人の身体の汚染図が現れました。

「**これに表の人間たちの病気の頻度を重ねて見ると……**」とカエル先生がもう一方の指を鳴らすと、身体の汚染図上にさまざまな病気が重なりました。青がガン、赤が血管障害、黄色が精神疾患、緑が呼吸器疾患……五次元医療知識では、どれも当たり前の結果でした。

「**三次元世界の医者の中にも、この結果に気づいている医者はいたんだよ。でも、みんな黙っていた。表沙汰にすれば、自分の首が飛ぶことを知っていたからね。実際に闇に葬られた医者もいたんだよ。医者だけが悪いのではないよ。あの世界すべてが異常だったんだ**」とカエル先生の弟子の緑のサメ型宇宙人さんが腹立たしげに言いました。

私は、このシミュレーションに何となく見覚えがありました。それはとてもわずかなデジャブに過ぎませんが、こころがザワザワとして涙がこぼれそうです。

「それはね」とカエル先生が温かな愛のエネルギーを送ってくれながら言いました。

「あなたが今生の計画を妹と練っている時に、このシミュレーションを何度も見ていたからです。医神さまも『そこまでストイックにしなくても良いんだよ』とおっしゃってくれていたのに、『どうせ妹のいつもの波瀾万丈な大冒険につきあうのですから、私も大冒険してきます』と言い切って降りていったのです。そして予定通りの波瀾万丈を乗り越えながら、ふたりともどん底の中で再会して、今、こうやって五次元宇宙へと戻ってこられたのです。あなたが今生も『医者』を天職としたのも、この悲しいシミュレーションを書き直したかったからでしょう。妹さんも良い迷惑ですよね。地底の姫さま、金星のアイドルなのですから、もっと大切にしなきゃいけませんよ」

地底人の妹はウンウンと嬉しそうにうなずいています。

宇宙戦争は〝自称宇宙人〟が見せる仮想ビジョン

「もうひとつ、面白いシミュレーションをご覧に入れましょう」とカエル先生が指を鳴らすと、映像が今の地球に戻りました。

「5年ほど先に進めると……」

地球をたくさんの大型宇宙船が取り囲んでいます。大型宇宙船のまわりには、無数の小型宇宙船が隊列を組んで壁を作っています。

「これから面白いことが起こりますよ」

小型宇宙船たちが一斉に地球に向かって降りていきました。それはまるで弱った獲物に容赦なく襲いかかる魔物の群れのように見えました。地球からたくさんのミサイルが宇宙に向けて発射されましたが、すぐにレーザー光線のような兵器で木っ端微塵に破壊されてしまいました。地球からの応戦が消えると、大型宇宙船も主要都市へと降りていきました。

画面がズームされると、日本の都市が見えました。着陸した大型宇宙船から武装スーツを着た宇宙人の軍団が続々と降りています。小型宇宙船たちは、ゲリラ的に反撃してくる地球人たちをレーザー光線で消し去っています。それはまったく無慈悲な戦いでした。抵抗する人間、弱った人間、歳取った人間はすべて消し去られました。残された人間たちは、光の手錠と足枷《あしかせ》で数珠つなぎにされたまま大型宇宙船の中へ消えていきました。

画面がシュルシュルと流れると、奴隷にされた人間たちが巨大な坑道の中で一日中、働かされていました。老若男女関係なく、何かを採掘させられています。弱った人間はその場で消されます。奴隷たちの後頭部に赤く光るボタンが見えます。全員の頭に何かのチップが埋め込まれているのでしょう。どの人間も無表情、無感情で黙々と働いています。家族の絆もすべて消し去られていました。

画面がパッと変わって、宇宙空間に先ほどの宇宙船軍団が隊列を組んで浮かんでいました。彼らの遥か向こうにも、同じ規模の宇宙船軍団が隊列を組んで、こちらと対《たい》峙《じ》しています。画面のビジョンからは、強い怒りと憎しみの感情が両軍からあふれ出しているのが感じ取れました。

やがて宇宙戦争が始まりました。それは『スター・ウォーズ』の世界そのものでしたが、実戦はもっと凄惨《せいさん》でおぞましいものでした。そこに勝者はいませんでした。どちらの軍も敗者でした。生き残った宇宙船はわずかしかいませんでした。

「もうこの辺《あた》りで良いでしょう」とカエル先生が疲れた表情で言うと、宇宙戦争のビジョンは消えてしまいました。

「三次元波動の自称『宇宙人』たちが表の地球人たちに見せているのが、この仮想ビジョンです。ひどいものでしょう？　こんなことが五次元宇宙に起こるわけはありません。

五次元宇宙に病と戦いはありません。私たちの五次元技術で『銀河大戦』などしたら、数分で五次元宇宙が消滅してしまうでしょう。

植民地星からの資源奪略？　星の住人を奴隷化して掘削させる？　なぜそんな手間のかかることをしなければいけないのでしょうね？　三次元地球人は、そこまで想像力が退化してしまったのでしょうか？　このビジョンは三次元の平行次元ではなく、単なる個人の趣味レベルのシミュレーションに過ぎません。『今ここ』に生きている五次元宇宙人たちに『昔々、遥か銀河の彼方で宇宙戦争があって？』と訊いてみてご

らんなさい。みんな「???」で相手にしてくれませんよ。

もしも銀河大戦があれば、それは平行次元たちを伝播《でんぱ》して、必ず『今ここ』に影響を及ぼします。銀河のひとつやふたつが消滅するくらいのことは、五次元宇宙全体ではよく起こっています。五次元宇宙もバブルの集合体ですからね。『宇宙戦争』は宇宙全体に影響のないことなのですが、宇宙人同士が殺しあうという発想は、五次元宇宙にはあり得ないものなのです。三次元地球人ですら、最近は人肉を食べないでしょう。人肉を食べる、と聞いたら、そんなバカな！と本能的に嫌がる気持ちと波動的には同じです。もっとも三次元世界の支配者たちは、子供の血肉が大好物のようでしたから、宇宙人同士を、血を血で洗う戦争好きに仕立て上げたかったのもうなずけます。

そういった想念の汚物は、すべて三次元の汚れた波動を帯びています。たとえ本物の五次元宇宙人であったとしても、そんな乱れた三次元波動に汚されている限り、決して五次元宇宙へ戻ってくることはできません。ただ、そんな哀れな宇宙人を浄化救済するのも、この月の医療センターの役割でもあります。今、ちょうど良い症例が隣の部屋で眠っていますので、後でご覧いただきましょう」

病の声を聞く　～三次元波動の霊障や呪詛～

「五次元宇宙には、もう病はないことはよくわかっていますが、そんな宇宙にはどんな医療が残っているのですか？」と私は改めてカエル先生に尋ねました。

「戦争はありませんが、宇宙船の事故は稀に起こります。宇宙船たちも生きものですからね、地球風に言えば、冷えて下痢したり、鼻カゼをひいたりするようなものです。宇宙船がクシャミをすると、乗っている宇宙人たちは壁や天井にぶつかってケガをしてしまうこともあります。宇宙船が下痢すると出力系に予期せぬ異常を来して、とんでもない宇宙に飛び出して隕石にぶつかったり、宇宙の星間ガスを吸い込んでしまったりすることもあります。

そのような外傷系の病は、龍神たちに救助を頼んだり、宇宙船で迎えにいって、最寄りの医療センターへ搬送して治療します。治療は波動治療で、本来持っている自然治癒力と蘇生力を高める治療が主なところは五次元地球の医療と同じですね。

今の地球のように三次元波動から五次元波動へと次元上昇している時に起こる『次元病』や『宇宙人病』（拙著『龍神医学』参照）も、この月の医療センターでは最近よく見かける病です。この病は波動治療と共に、龍神たちに必要なパーツを宇宙や神々の世界から集めてきてもらって治しています。

私たち五次元医師は、病の声を聞くことを大切にしています。

病も意識体です。病にも魂があるのですよ。私たちは病の意識体と対話しながら、病の原因を探り、病の意味に患者さんが気づけるようにアシストしています。たとえそれが小さな擦り傷であっても、治すのは患者さんの自然治癒力と蘇生力ですから、私たちにできる医療は、その力が最大限に発揮できるように環境を整えてあげることだけです。

最近、三次元地球では、汚れ乱れた意識波動が崇《たた》る霊障病や呪詛病も蔓延してきています。三次元世界の怨念や呪い、強い呪詛を被った宇宙人たちの波動の汚《けが》れ、乱れは尋常ではありません。三次元人間たちと同じように魔物の世界や霊界に堕ちてしまい、意識不明のままこの医療センターに搬送された宇宙人もいます。そのような三次元波動の霊障や呪詛にも魂らしき波動はありますが、如何《いかん》せん、波動の乱れが大きすぎて対話になりません。『言葉が通じない』という感じです。
この病の治療法は、さすがに私たちも考えさせられました。最終的に、医神さまとお薬師さまの古の智恵から、ゼロ次元の神さまが持っているゼロ次元の水と空気で強力に浄化しながら、地底の世界の温泉に浸かる温泉療法で治療できるようになりました。
ある程度、浄化が進んで意識が戻ってくれれば、龍神たちに依頼して八次元の神さまのところに連れていってもらい、八次元のエネルギーを浴びれば、霊障や呪詛が残した傷跡もすべて消えてしまいます。この八次元の波動エネルギーはさすがに他次元へは持ち出せませんでしたが、ゼロ次元の水と空気は毎日、龍神たちが汲《く》んで持ち帰ってくれるので、この医療センター内でも使うことができます。これも後でご覧いただきましょう」

カエル宇宙人さんがテレパシーを使いすぎたのか、シャックリを始めました。「でも実際には喋っていないのになぁ」と思った想念を読まれて、「これも宇宙人病のひとつですよ。困ったものです」と大笑いされました。

「おっ、やっぱりシャックリには大笑いが効くわ！　さぁ、隣の部屋へどうぞ！」とシャックリが止まったカエル先生が嬉しそうに言いました。

〝ゼロ〟アイテムで治療！

「ここにはゼロ次元からの贈り物が保管されています。中央の右手がゼロ・ウォーターの容器で、左手がゼロ・エアーの容器です。ちょっと試してみますか？」

そう言いながら、カエル先生は銀色のオーラの輝きに包まれたゼロ・ウォーターに近づき、お猪口《ちょこ》1杯分のゼロ・ウォーターを汲み取ってくれました。

「はい、どうぞ！　グイッと飲んでも大丈夫ですよ」

ゼロ・ウォーターには色も香りも味もありませんでした。波動水のように身心魂に染み込んでくる感覚もありません。でも、次第に身心の奥から明るい光があふれ出してきたかのような感じがして、これから遊園地へ行く子供のように、とてもウキウキしてきました。このウキウキで脳天気な元気さがゼロ・ウォーターの効果なのでしょう。

「ゼロ次元は、波動がゼロの次元です。このゼロ・ウォーターも波動をゼロにしてくれます。『あるものがない、ないものもない』世界の味がするでしょう？　つまり、汚れ乱れた波動をゼロ……元々なかったものにしてくれます。

このゼロ・ウォーターにも魂があります。ゼロ次元で湧き出てきたばかりのゼロ・ウォーターの魂は、真っさらで『無』です。龍神たちも神々も私たちも、すでにゼロ次元を司るゼロGさまと懇意ですので、ゼロGさまが汲んでくださったゼロ・ウォーターの魂には、ゼロGさまから私たちへの『愛』が転写されています。それは無償の愛であり、このフィボナッチ次元宇宙を生み出した愛そのものです。『愛』が転写されたゼロ・ウォーターは、『愛』以外の波動をすべて消し去ってくれます。三次元波動の霊障や呪詛が如何に強力でも、所詮《しょせん》は三次元波動ですから、たったひと口のゼロ・ウォーターであっても、その汚れた波動は完全に浄化できてしまいます。

このゼロ・ウォーターの波動浄化作用を用いれば、三次元世界の難病、奇病、死病に冒された宇宙人たちを浄化救済することができます。しかし、もうおわかりのように『愛』のない三次元波動の地球人たちにはまったく効きません。我欲とエゴもすべて消し去ってしまうので、今の表の地球人がゼロ・ウォーターを飲めば、重度の認知症のようになってしまうでしょう。それは無我無欲無心の仏の境地ですから、ゼロ・ウォーターは三次元人間にとっては究極の覚醒水だ、と言えるかもしれませんね」

五次元宇宙人や地底人たちは、このゼロ・ウォーターを飲まなくても、元々から仏の境地にいました。だからこそ、六次元の神々の世界にも自由に行き来して、神々と共に暮らすこともできたのです。神々の世界だけでなく、七次元の龍神たちの世界にもゼロ次元にも行き来できるわけが見えた気がしました。

「ゼロ・エアーも同様の効果があります。こちらは気体ですから、呼吸機能を残している宇宙人や地底人たちが、三次元世界の毒ガスに冒されてしまった時にとても役立ちます。不安や恐怖や悲しみなどの三次元波動の邪念を胸や気管、喉などに植えつけられてしまうと、胸痛や呼吸困難に苦しむことになります。このゼロ・エアーは邪念や毒ガスを浄化排泄してくれますので、毎日吸入しながら胸と呼吸器を『愛』で覆い尽くしていくことが治療となります。

もし三次元波動のままの表の地球人がゼロ・エアーを吸入すると、一時的には呼吸障害が楽になるでしょう。しかし、病の本質に向きあおうとしない人間たちから呼吸障害という重石《おもし》を取り去れば、封印されていた病の本質が百鬼夜行して身心を食い破ってしまうことは目に見えています。
ゼロ・ウォーターもゼロ・エアーも、五次元宇宙医療では素晴らしい妙薬で、この医療センターでも次元病と宇宙人病の治療にはとても重宝していますが、三次元世界では役立たずの毒薬にしか過ぎないのです。まぁ、そうは言っても、あなたなら三次元世界の病人たちをこの妙薬で治療する術を編み出してしまうでしょうがね」と言いながら、カエル先生がウィンクしながら笑いました。そして指を鳴らすと部屋の片隅に、ベッドで眠っている地球人が現れました。その人は、長い金髪で背の高い白人女性でした。

「この方は、先ほど表の地球から宇宙船で緊急搬送されてきた宇宙人です。まだ三次元肉体スーツを着たままですが、もう生命に危険がある状況は脱しています」

そう言いながら、カエル先生と弟子の宇宙人たちは、手のひらや指先からレーザー光線のような眩しい光を出しながら、まるでミカンの皮をむくように肉体スーツを剝《は》いでしまいました。中には、黄色地に小さな水玉模様が散らばった肌をしたモグラ型の小さな宇宙人が眠っていました。

「この宇宙人は、三次元世界の『父娘の関係性』を研究し続けている方で、宇宙では

有名な学者さんです。この時代の平行次元をグルグルと飛び回りながら、三次元人間たちが創り出した『内なる闇の世界』に迫る糸口を『父娘の関係性』から探っておられますが、もうこれで9万3508回目の入院です。今回も父親に幼少期からずっとレイプされ続けてきましたが、とうとう絞殺されそうになったところで救出されました。では、ゼロ・ウォーターとゼロ・エアーを使ってみますね」

カエル先生の合図で弟子たちがとても手際よく処置を始めました。モグラ星人からドロドロに汚れた波動毒が滲《にじ》み出てくると、弟子たちは触れることなく宙に浮かべた小型のブラックホールに吸い込んでいます。

「これは直接、七次元の『空と無の世界』の中心にある無の渦に繋がっています。ここに吸い込んでしまえば、如何なる毒も邪念も完全に消滅してしまえます。そろそろ息を吹き返しますよ」とカエル先生が言うと、モグラ星人さんが大きな深呼吸を始めました。呼気からも真っ黒なススだらけの邪念の波動が排泄されているのが見えました。その呼気も、ブラックホールが漏らすことなく吸い込んでいます。

「仕上げにもう一度、ゼロ・ウォーターとゼロ・エアーで浄化すれば、ほら、意識が戻ってきましたよ」

「あぁ、疲れました。でも、今回もいろいろな情報と気づきを得ることができましたよ。カエル先生、いつもありがとうございます。この月都市で皆さんが見守っていてくださるから、私も研究に没頭できます。皆さん、ありがとうございます」と言いながら、モグラ星人さんは大きなノビをしました。

「いつもごくろうさまですね。今回の肉体スーツもかなりの痛手を負っていますが、いつものようにラボへ持ち帰られますか？」とカエル先生はモグラ星人さんの波動チェックをしながら尋ねました。

「はい、もちろんです。私の大切な研究資料ですから、よろしくお願いします」

「モグラ先生、まだ五次元波動に乱れが残っているところがありますから、もうしばらくお休みになっていてください。今、ゼロ・シールドで包みますからね」

「はい、私は急ぎませんので、よろしくお願いします。あっ、私がさっきまで居た平行次元は、私が絞め殺されかけたあの時点でフリーズしてありますが、あれもそのままフリーズしておいてくださいね。あの父親の波動パターンに、これまでよりも強い愛の猛毒スパイクが現れていましたから、ラボでじっくりと再生観察したいのです。いやぁ、本当に楽しみですね。はい、ではカエル先生、お願いします」

カエル先生は弟子たちが持ってきた大きな水銀玉をモグラ先生の上から被せました。

「これがゼロ・シールドです。ゼロ・ウォーター、ゼロ・エアー、ゼロ・シールドで三種の神器の揃い踏みですね」

カエル先生が四股を踏むと、治療を見学していた宇宙人たちも一斉にマネをしながら大笑いしました。ゼロ・シールドが揺れて、中でモグラ先生も笑っているのがわかりました。

「このゼロ・シールドは、五次元波動シールドが傷ついて破れたり、汚れが波動を乱したりした時に使います。

他のゼロ次元アイテムと同じように、このシールドも元の愛の波動に戻してくれます。傷や破れは自然治癒力と蘇生力で治ってしまいますし、汚れは完全に浄化排除されてしまいます。特に病や不調がなくても、このゼロ・シールドを使った後は、波動がキラキラと輝くので、宇宙人たちの間では今、大流行のアイテムですよ。えーとほら、あの宇宙人さんを見て。とてもキラキラしているでしょう?」

カエル先生が指さしたロボット型の宇宙人さんを見ると、確かにまわりの波動がキラキラと銀色に輝いていました。

「今は毎日、龍神さんたちがゼロ次元からゼロアイテムを持ち帰ってきてくれています。それを治療用に使ったり、欲しい宇宙人たちに分けてあげたりしています。私たち宇宙人にも地底人にも、龍神さんが宿っていないところが不便ですね。龍神さんたちに話しかけてお願いすれば、どの龍神さんも喜んでゼロ次元へ行ってきてくれますが、三次元波動の人間たちのように、生まれながらに必ず一匹の龍神を宿していれば、湯水のようにゼロアイテムを使えるのになぁ、と思うこともあります。

三次元波動だから龍神さんが宿っていることと、五次元化してしまえば内なる龍神さんは出ていってしまうことはよくわかっていますが、だからこそ、なぜ三次元世界の人間たちは、内なる龍神さんを大切にしないのだろうか？　と残念に思ってしまいます。内なる龍神さんが目覚めていれば、たとえ三次元波動のままでも、ゼロ次元のアイテムを使いこなす術もあるでしょう。病の声が『早く目覚めて！』と叫んでいても、まったく聞く耳を持たない病人ばかりの世紀末ですから、もうあきらめるしかありませんが、医師としては本当に残念なことです……さぁ、皆さん、こちらへどうぞ！」

気を取り直すかのように、カエル先生はみんなを先導して隣の部屋へ進んでいきました。

神々の人生干渉

その部屋はこれまでの部屋よりも広く、天井も高いように感じました。部屋の空気は砂金が舞っているかのようにキラキラ輝いています。たくさんのモニターが他の部屋同様に浮かんでいることは感じ取れましたが、目には何も見えませんでした。

部屋の中央に宇宙人さんの3倍の体つきがありそうな眩しい金色の波動体が5人、静かに坐っているのが感じられました。それは宇宙人さんや地底人さんたちの波動よりも強く美しく、かつ繊細な波動体たちで、まわりのオーラから砂金があふれ出ているように見えました。

「この部屋では、私たち宇宙人と地底人さんと一緒に、神々の代表たちが、三次元地球で病気を患っている地球人たちの平行次元を観察しています。あなたが感じ取った5人の波動体は神さまたちです。神さまたちは定期的に交代しながら、私たちと相談

しながら病気の地球人の平行次元への干渉をこの部屋から行っています」

カエル先生がそう説明してくれると、神さまたちがテレパシーで話しかけてきてくださいました。

「ようこそ！　あなたがここへ来ることを楽しみにしていましたよ。医神さまやお薬師さまからうかがっているので、あなたの波動はとても身近に感じます。ここから私たちは宇宙人さん、地底人さんたちと共に、三次元地球の人間たちに『偶然』や『シンクロ』や『虫の知らせ』を与えることで、平行次元の乗り換えを促す作業をしています。

ひとりの人間は、生まれながらに人生計画上だけでも百や千の平行次元を持っています。

素直で優しく、愛のままの人間は、私たちが干渉しなくても、人生の節目毎に最適な選択を自然にすることができます。いつも『当たり！』の人生行路を進むので、安心して見守っているだけで最高の人生を楽しんでくれています。

人間の歴史では、いつも農耕社会が支配階級を生み出すと人間性に二面性が広がり、素直も優しさも愛も失われていきました。我欲とエゴが愛と感謝と喜びを闇に封じてしまうと、人間と私たち神々との繋がりも消えてしまい、直感力も共感力も先見力も衰えてしまいました。

もう放っておくと『ハズレ！』の人生選択ばかりを繰り返してしまい、せっかく生まれてきた人生を台無しにしてしまう人間ばかりになってしまいます。農耕社会が始まり、それがやがて産業革命を経て拝金主義が社会を覆うに従って、私たちがこうやって月から地球人たちの人生に干渉する度合いも増えました。

それは地球人全員への人生干渉ではありません。魂が生まれる前に計画した元々の人生計画の波動の輝きを見ながら、人生干渉の強さと頻度を調節してきました。国王や大富豪だから、より強い人生干渉を受けるわけではありません。名も無き農民にも、生まれながらに体の障害を持った子供にも、強い人生干渉を度々行うこともあります。

私たち神々が『ここで新しい平行次元を創ったら面白い』と判断して、国家や民族レベルで集合的に人生干渉したこともあります。

私たちが強く人生干渉した人間たちの多くは、呪術師や占い師、チャネラーやヒーラーとなりましたが、私たちの声を聞く耳や姿を見る目は、その人生を終えた後の転生でも引き継がれていきました。

そして最近の100年、特にこの40年間は、いよいよ地球人たちの我欲とエゴが大輪の花々を咲かせてくれたので、私たちの人生干渉も多岐にわたって行われるようになりました。人生干渉は、花々を株分けするようなものです。次々と生まれる平行次元には多種多様の花々が咲いていてくれます。地球の三次元波動がここまで賑やかになったのは、今回が初めてでしょう。

花々だけでなく、それ以上に闇と悪の平行次元も生み出してくれました。そして、いよいよラストスパートとなった最後の10年に突入すると、人間たちは私たちの人生干渉など無視して、闇と悪のパワーで好き勝手に人生を進めるようになりました。

ですから、あれほど賑わっていた月都市の中央センターにある平行次元管理室も、今ではご覧の通り閑散としていて、私たち神々の声を聞こうとするわずかばかりの人間たちへの人生干渉を続けているだけになりました。

ただ、この医療センターの平行次元管理室は、地球人の病やケガ、寿命への人生干渉を専門に行っているので、これからは今まで以上に忙しくなるはずです。三次元人間はやはり病と死を異常に恐れています。ですから『この人間はぜひとも目覚めさせたい』場合と、自分から何とか目覚め始めた人間に、病と死の恐怖を与える形の人生干渉を行って、ひとりでも多くの人間を五次元宇宙へ誘《いざな》うように、私たちも宇宙人さん、地底人さんたちもがんばっています。

皆さんが先ほどご覧になってきた三次元地球の未来の平行次元たちは、すでに新生することが決まった三次元地球の平行次元からは切り離されていますので、私たちがその悲惨な平行次元に生きる人間たちに人生干渉することはもうありません。もう神に祈っても何も起きない、ということです。

これからの数年間に、三次元世界で病を得た時には、神に祈ってみてください。

もし神の声が聞こえれば、その人は新生した三次元地球の人類のタネとなれるかもしれません。

もし神の姿が見えれば、五次元波動に覚醒して、五次元宇宙への入口が見えることでしょう。

もし神の声、神の姿と繋がっても、三次元世界の我欲とエゴ、闇と悪を手放すことができなければ、すべては終わってしまいます。

私たちはここから、魂に愛の光が残っている人間たちに、気づきのための病を与えていきます。それが最後の人生干渉であり、神の救いの手になります。せっかくのチ

ャンスですから、多くの方々に私たちの手をつかんでいただきたい、と願っています」

「神さま、どれくらいの地球人に、最後のチャンスがいただけるのでしょうか？」

「これをご覧なさい」と神々の声がして、大きな地球の映像が現れました。青い地球がパッと暗くなると無数の光の粒々が世界中に散らばっているのが見えました。その数は……**「最多で10分の1でしょう」**と金色の宇宙人さんが教えてくれました。

選ばなかった平行次元たち

「神さま、五次元宇宙人や地底人たちにも人生干渉なさるのですか？」

「人生干渉は三次元世界にだけ起こせます。五次元宇宙では誰もが『今ここ』に生きているので、個人的にも社会的にも星のレベルでも平行次元は生まれません。

五次元宇宙人や地底人たちは、誰もが将棋の達人のようなものです。数百の先を読み切ってから一手指します。あらゆる可能性をシミュレーションした上での最適な一

手ですから『もし……なら』はありません。

剣豪同士の真剣勝負は剣を抜く前に勝敗は決しています。意識下で勝負をシミュレーションし尽くしてしまうと、もう勝負など、どうでもよくなってしまいます。剣を抜かずに、そのまま居酒屋で酒を酌み交わしたくなります。そこに『もし戦っていれば』の平行次元は生まれません。

五次元宇宙人や地底人たちは、そんなシミュレーションを潜在意識下で瞬時に行ってしまいます。『今ここ』がいつも最適最高ですから、それ以外の平行次元を味わう意味などないのです。平行次元が生まれるのは三次元宇宙だけです。これも宇宙の理のひとつです」

「神さま、ここでは5人の神々が合議して人生干渉しておられるのですか？　それとも地球の大陸別だとか人種別、社会への影響力別などで担当を分けあっておられるのですか？」

「とても三次元世界的な質問ですね。私たちは今、5体に見えますが、同時に私たちは1体です。別に3体でも8体でも、私たちと対面する者が持っている神の姿に合わせているだけです。この部屋では宇宙人たちが5つの座席を用意してくれたので、神は5体です。

私たちには、すべての地球人たちの愛の光も、無数の平行次元たちも見えています。たとえこの先、地球人が100億人、1000億人になろうとも、それは私たちの観察力の1％にも満たない数でしかありません。妖精ひとりでも容易くできてしまう仕事量です。

私たちは地球人の潜在意識下で、あらゆる可能性をシミュレーションした結果の中から最適な平行次元を地球人の意識に上げることで人生干渉を行っていますが、時には事象に干渉することもあります。事故や火災を起こしたり、大地震や戦争を起こしたりもしますが、父母の死、兄弟や子供の死などの『死』というインパクトを人生に投げつけることをよくします。三次元の地球人は死を極度に恐れ嫌いますから、それを利用します。彼らが神と悪魔を、光と闇を、幸と不幸を合一できない二元性でいる限り、三次元地球での学びとシミュレーションは続きます。

ひとつ、面白いものをお見せしましょう。これが今回、三次元地球に降りたあなたの人生ですよ」と中央の神さまから声が聞こえてくると、私たちの前に太く長い芋の根のようなビジョンが浮かび上がりました。

無数の細いヒゲ根がどこからもびっしりと枝分かれしていますが、その中で大きな根分かれから先に太く大きな芋が順々に8つ実っていました。その芋をひとつひとつちぎって割ると、それぞれが違う色をしていました。ひと口頬ばると、今生の昔の思い出が鮮やかに蘇ってきました。それは、あの時のもうひとつの選択肢の先に実った芋でした。噛みしめると、その平行次元の味がしみ出してきました。次の芋を頬ばると別の思い出が蘇ってきて、選ばなかった別の平行次元を味わえました。ひとつひとつ思い出し味わいながら、8つ目の芋を手にしました。

「それは『今ここ』のあなたですよ」

それは一番大きくて重い芋でした。割ろうとしてもなかなか割れません。

「これを使ってみてください」と妹が櫛《くし》を手渡してくれました。それを大きな芋の真ん中に当てると、芋は自分から真二つに割れてくれました。中は美しい紅色でした。妹と半分わけをして頬ばると、とても甘く愛おしく懐かしい味わいがしました。そして、この芋根のルーツを思い出すことができました。

「そう、やっと思い出しましたね。あなたには素戔嗚尊の血が、妹には奇稲田姫《くしいなだひめ》の血が流れています。三次元世界に降りてくると、その血の波動が反応しあい、強く引き

あいます。

これまで何回もこの世界をふたりで生きてきましたが、今回のように三次元世界の波動と、宇宙から地球に向けられたエネルギーが極大を迎えると、互いの血に秘められたパワーも最大に発揮できます。

今はふたりでこの世界の人々に、愛の光に気づかせ、愛の光を分かちあうための務めを果たしてもらっています。彼には先日、天照大神《あまてらすおおみかみ》と日本の神々たちを封印から解放して、待ち焦がれていた素戔嗚尊のもとへお連れする、という大仕事を果たしてもらいました。

これからあなたたちふたりは、難病、奇病、死病を克服した経験とその術を、波動の引きあう人たちに伝え広げていくお務めに入ります。ふたりとも、もう五次元人のままで、消えゆく三次元世界へも、新生された三次元世界へも降りていくことができます。それをサポートすることも、私たち神々の大切な仕事のひとつです。

あなたたちに関わる人たちには、これからとても強い人生干渉が起こります。それは三次元波動では絶対に抗《あらが》いがたい神託の想念であり、偶然の事象です。神の声に従うか、死か？　の選択が迫られます。なぜならこれも宇宙の理なのですから。ですか

ら何も心配せずに、大丈夫&大丈夫で、自分のお務めに励んでください。なぜこの本を書かせているのか？　これであなたもよくわかりましたよね」と神さまの声がとても嬉しそうに聞こえてきました。

愛のラボ　～目覚めない地球人～

「次のラボが、この月の医療センターで最も重要なラボかもしれません。さぁ、皆さん、こちらへ」

私たちはカエル先生について隣のラボへと向かいました。

そこは一面、桜色に彩られた半球形の部屋で、10人ほどの宇宙人たちがリクライニングチェアに寛いでいました。これまでのラボとは違って、このラボにはモニターはひとつも浮かんでいませんでした。ほとんどの宇宙人たちがゴーグルを着けていましたが、3人は何も着けず静かに瞑想しているように感じました。

ラボの波動エネルギーも空気も温かく柔らかい愛のエネルギーで満ちあふれていて、

しばらくすると誰かを抱きしめたくなる、繋がりたくなる愛しさが魂からこみ上げてくる感覚がしました。妹が柔らかな手で私の手を握ってきました。まわりを見ると一緒にこのラボへ入って来た仲間たちが手を繋いだり、肩を抱き寄せたりしているのに気がつきました。

「ここは愛のラボです。地球の愛のエネルギーをすべてモニターしています。表の地球人たちの愛も、地底の人たちの愛も、すべて観察できます。人間だけでなく、地球にいる宇宙人たちの愛も、魚たちやイルカたちの愛の波動も、すべてモニターできます。三次元の地球自体の愛のエネルギー状態も、地球意識体の愛の波動も手に取るようにわかります。もちろん過去ログもすべて記録されています。例えば……」とカエル先生が目を閉じると、私たちの意識に昨夜、みんなで地底の空を飛んでいたビジョンが見えてきました。目を開けたままでも、そのビジョンははっきりと見えましたが、目を閉じるとクッキリと立体化して見えたので、私はそのまま目をつぶって意識に入ってくるビジョンを見ていました。

空を飛んでいる私と地底人たちのハートと丹田と脳の中に、桃色や赤色の光の珠が見えてきました。一緒に飛んでいた宇宙人たちにも、同じ桃色や赤色の光の珠が見えますが、その場所はさまざまでした。宇宙人たちの愛の珠の色は桃色や赤色だけでなく、緑や黄色、紫や青もありました。

「地球人と宇宙人さんは、愛のハートや愛の袋、愛の目のある場所や愛の珠の色が異なっているだけで、愛自体には優劣も強弱もありませんからね」

そう教えてくれたカエル先生の愛の袋はお尻にありました。

「概《おおむ》ねの話ですが、愛のハートは体の真ん中に、愛の袋は骨盤の中心に、愛の目は頭の中心にあることが多いのですよ。肉体のない宇宙人さんや流体の宇宙人さんは、3つがひとつに重なって、その波動体の中心にあることが多いです。地球意識体さんがその中心に愛の太陽を抱いているようなものですね」

パッとビジョンが地球の断面図に変わって、その中心に太陽のように眩しく輝いている大きな愛の珠が見えました。

「地底の太陽さんはいつ見ても美しいですね」とカエル先生が呟くと、**「どういたしまして！　みなさんが注いでくださる愛の光のおかげです」**と地球の中心の太陽さんの嬉しそうな声が聞こえました。

「宇宙人さんの愛の珠の色は、そのまぐ愛の波動によって変化することがあります。

例えば神聖な気持ちが強ければ紫色に、静かにふたりの魂を重ねあわせたければ青色に、生命力の蘇生を求めれば緑色に、安らぎの中でひとつになりたければオレンジ色に、新たな生命を授かりたければ黄色や金色になりやすいそうです。さぁ、昨夜の地底の町を見てみましょう」

ビジョンが昨夜、気持ちよく空を飛びながら眺めていた夜の町に変わりました。

「これが昨夜の地底の人たちの愛の波動です」

町の円形の家々に、桃色や赤色の愛の光が灯っています。宇宙人さんの緑や黄色、水色の愛の光も見えました。ふたりの愛の光が寄り添って見える家々があります。

どの家でも、ふたりの愛の光が次第に鮮やかに強く大きくなっていきます。抱きあったり、ひとつにまぐ愛っている家々からは、先ほど見えた地球の中心の太陽さんの子供のような小さな太陽がぽっかりと浮かび上がっています。その愛の太陽は、とても明るくて眩しい光の珠なのですが、家々を包み込む夜のとばりが消えることはありませんでした。

地底人さんと宇宙人さんがまぐ愛っている家もたくさん見えます。赤と緑、桃色と青……どの色が重なりひとつに和合しても、それはどれもとても美しく輝く虹色の愛の光に見えました。

やがてどの家からも愛の太陽が浮かび上がりました。愛の太陽の輝きがゆるゆると増していく光景は、この地底の世界で最も美しい光景かもしれません。

やがて夜が白んできて、海から地底の太陽が顔を出すと、家々の上に浮かんでいた愛の太陽が一斉に日の出の太陽に向かって吸い込まれていきました。朝日さんは、まるで孵《かえ》ったばかりの小鳥たちを羽を広げて迎え入れる親鳥のように、満面の笑みで受けとめています。これまで感じたことのないほど巨大な慈愛の波動エネルギーが地底のビジョンからあふれ出してきて、私は目を閉じたまま感動の涙にむせんでいました。

「そうです、この一夜の愛の波動エネルギーだけで、銀河がひとつ創れてしまいますからね。ビッグバンに相当する波動エネルギー量ですから、こうやって想念波動で見ているだけでも、その愛の波動エネルギーを感じ取れてしまいます」

カエル先生も大粒の涙を流しながら、静かに教えてくれました。

「このラボでは、地底の世界で生み出される愛の波動エネルギーを地底の太陽と地球自身に必要に応じて分配する役割を担っています。最近では、三次元の地球人たちの暴走を緩和するために、地球人全体に愛の波動エネルギーを放射する仕事も増えまし

た。三次元世界で目覚めた人たちと目覚めたいと魂が強く望んでいる人たちには、ピンポイントで愛の波動を照射してきましたが、その仕事もいよいよ忙しくなってきました」

「カエル先生、今、この月から愛の波動エネルギーを注入されている表の人間は、どれくらいいるのですか？」

「7年前には3億人はいたのですが、どんどん減り続けて、2年前には700万人くらいになり、去年末には100万人を割ってしまいました。その多くは、新たな文明のタネとなる人たちですから、何とか100万人は愛を見失わないで持ちこたえてもらいたい、と願っています。では、表の世界の現状も見てみましょう」と言いながら、カエル先生はちょっとしかめ面をしながら息を吐きました。

同じように地球が見えてきました。カエル先生がビジョンに愛の波動フィルターをかけると、表の地球は真っ暗になってしまいました。世界の人口密集の激しい大都市部には、ほとんど赤い光は見えませんが、田舎の方には赤い光がまだ散在して見えました。ヒマラヤの奥地や深い森の中には、地底人さんと同じくらい明るい赤い光がいくつか見えましたが、愛の波動が輝いている人間たちは、すでに絶滅に近い悲惨な状況だ、とわかりました。

「三次元の我欲とエゴのフィルターに替えてみますよ」

するど真っ暗だった地球が、急に怪しげなどす黒い赤い色で光りました。今度は世界中の大都市部が強烈な赤で染まっています。その赤い光から邪念と欲毒の波動がしみ出してきて、そこで見ていた私たちみんなは息苦しさを覚えて咳き込みました。

「この猛毒の波動は、例えばこんなビジョンから出ています」

見えてきたのは、世界中のアダルトビデオでした。どれもジャンクセックスばかりです。それはひとかけらの慈愛もない、単なる野蛮な快感快楽行為に過ぎませんでした。出演している人間たちも、このビデオを見ている人間たちも、すべての人間たちの魂の光は、どす黒い闇の中で弱まり消えていくのが見えました。それは愛の波動エネルギーなど皆無の世界でした。

「このレベルの人間に、こちらから愛の波動エネルギーを照射してみましょう」

すると獣と化した人間たちのハートに赤い愛の波動エネルギーが注がれているのが見えましたが、どんなに注いでも、すぐにどす黒く変色してしまいました。やがて、その黒く変色したエネルギー体が子宮や乳房、脳や喉や肺に移動して、光を一切放たない真っ黒な物体になってしまいました。中には心臓と血管に真っ黒な流体が蠢《うごめ》いている人間もいました。

「三次元医療でガンや白血病と呼ばれていた病です。こうなってしまうと、もう三次元レベルの医療では手の打ちようもないでしょう。毒をもって毒を制すで、今でも猛毒を与えているようですが愚かなことです」

「カエル先生、五次元医療なら、ここまで悪化した病でも治せるのですか?」

「愛がすべてを治します。愛は万病の特効薬です。生きている限り、治らない病はありません。五次元宇宙では、こんなに悲惨な病状になることはあり得ません。どんなに重病でも五次元波動に目覚めてくれさえすれば、何とか手の打ちようもあるというものです。

しかし表の地球人たちは決して……目覚めません。これまで神さまたちと共同で、先ほどお話しいただいた人生干渉を使って、三次元の難病や死病の人間たちに目覚めのチャンスを与えてきましたが、誰ひとりとしてチャンスをものにした人間はいませんでした。

結局、三次元世界に愛はないのです。愛がないから万病が広がるのです。三次元世界にいても、愛があれば病は克服できるはずです。なぜ治らないのか？　それは愛がないからです」

「すべての宇宙は、その次元に関係なく愛でできています。表の地球も愛に目覚めれば、すべてが一瞬で変わります。

今の表の地球人たちは、宇宙の愛の対極にいます。その地球には『陰極まって陽生ず』という言葉がありますが、今こそ本当の愛に気づくチャンスです。

今の表の地球人たちの愛は、我欲とエゴのはけ口にしか過ぎません。それは、支配欲、金欲、物欲、愛欲……ありとあらゆる欲を満たすための道具です。孤独、依存、不安、怒り、恨み……内なる暗黒面から逃避するために、身体もこころも魂もズタズタに自傷しています。

あまりの苦痛に魂が身心から抜け出してしまうと、すぐに魔物や魑魅魍魎たちに囚われてしまいます。そんな愛のゾンビと化して蠢く人間たちは、地球意識体さんにとってはダニでしかありません。すべてを洗い流して、きれいサッパリしたい！　と地球意識体さんが思うのも当然です。

ジャンクセックスで得られる快感快楽は麻薬と同じです。刺激の強さと量を増やすためなら、何でもするようになります。食毒、薬毒、香毒、電磁波、放射能……猛毒に冒された身心でしか快感快楽を味わえなくなります。せっかく宇宙の愛と繋がる五次元感性が備わっていた身体だったのに、あそこまでボロボロになってしまっては、もう宇宙の愛に目覚めることは叶いません。とても残念なことです」と白いのっぽの宇宙人さんが寂しげに言いました。

「セックスレスもジャンクセックスの一形態です。生殖のためだけのセックス？　私たちには理解不能な思考です。そんな思考で創造された子供に宿りたい魂など、いるものでしょうか？　宇宙ではあり得ません。

この愛のラボから観察していて、ここ30年の間に魔物が魂に居座っている子供が急増しているのがわかっています。本来入るべき愛の光が見当たらないのです。それでは単なる肉体ロボットやゾンビに過ぎません。生まれながらに笑ったことのない赤ちゃんや母親と目を合わせようとしない赤ちゃんたちは、すでに魔性に冒されています。ワクチンと称する毒薬で魂を追い出し、魑魅魍魎を招き入れる暗黒医療がまかり通っていることを見ても、如何に野蛮で救いようがないかがわかります。

それでも今、まず女性が宇宙の愛に目覚めれば、表の世界を救うことができるかもしれません。

ジャンクセックスにNOを突きつけて欲しいのです。宇宙の愛を感じ取ろうとして欲しいのです。女性から率先して我欲とエゴを捨て去って欲しいのです。あなたとまぐ愛たい！　と叫んで欲しいのです。

それは決して難しいことではありません。表の人間たちも、地底人さんと同じ波動を持って、この地球に生まれてきたのですから、本当はできます。本当の魂は今すぐ始めたがっているはずです。私たちがこの月から送っている愛の波動エネルギーには、一歩踏み出す勇気と自信の波動をたくさん入れてあります。

どうしたら五次元波動に目覚めることができるのかしら？　と思い始めている表の地球人たちに出会ったら、こう伝えてください。

『ジャンクセックスを今すぐ捨てて、まぐ愛なさい。それが宇宙の愛の目覚めへの最も近道ですよ』

そして、あなたの体験を語ってあげてください。そのために与えた試練だったのですから」

そう神さまはおっしゃりながら、暗黒に染まっていた表の世界に明るい愛の夜明けが訪れる未来のビジョンを見せてくださいました。

第三章　シャンバラへの帰還

私たちは、月の都市の皆さんに見送られながら、白い宇宙人さんの大きな星型の宇宙船に乗り込みました。

地底から一緒にやってきたクジラさんや魚さんたち、地底人さんたちの何人かは、メンテナンスを受けるために医療センターに留まりました。月の都市に暮らす友人に会うために残った人たちもいました。月での仕事やメンテナンスを終えて、新たに乗り込んできた地底人さんや宇宙人さんたちもいますが、なぜだか初対面なのに、とても懐かしい感じがしました。地底の妹が私の思考を読んでテレパシーで言いました。

「新たに乗り込んできた人たちの多くが、地底の世界を経由して表の世界へ行く人たちだからですよ。お兄さんは、今は表の地球人になりきっているので忘れてしまっていますが、今生もあの人たちと同じように月から地底の世界を経由して、表の世界に生まれるように現れたのですからね、自分のデジャブを見るようで、どこか懐かしい感じがするのでしょう」

「表の地球人になるには、地底の世界を経由するしかないのですか？」と尋ねると、妹はおかしそうに笑いながら言いました。

「宇宙人たちの多くは、宇宙船から三次元肉体スーツを着て地上へ降りていきます。

地底の世界を経由する宇宙人さんは、表の世界で誰かと確実に出会いたい宇宙人さんです。魂の伴侶として表の人間たちに宇宙の愛を伝えたり分け与えたりする使命を帯びていたり、グループを作って表の社会に強い影響を与える使命を託されていたりする宇宙人たちがほとんどです。国家レベルでの変革や世界を一変させる大発明をするミッションに従事する宇宙人たちもいます。

そのような宇宙人さんたちは、地底の世界で表の世界やターゲットの人間たちを観察しながら、ベストのタイミングを見計らって表へ出ていきます。三次元の世界には、氷床のクレバスのように無数の平行次元たちが、降りてきた宇宙人さんをのみ込もうと待ち構えています。三次元世界を体験して楽しむ分には、目標の人生の平行次元に降りられれば良しとできますが、宇宙や神々からの使命を担っている場合は、目標の人生にピタッと着地する必要があります。

同じ人生でも予定外の平行次元に降りてしまうと、使命を果たすべき事象が起こらなかったり、使命の前に事故や病で人生を終えてしまうことになりかねません。よく起こるトラブルには、目的の人生の平行次元に降りてしまったために、魂の伴侶と出会う前に別の人間と恋愛関係になってしまっていたり、出会うまでに別れや離婚が成立していなかったりしたケースがあります。

世界を変えてしまうような大仕事を魂の伴侶と一緒に始めるはずだったのに、ちょっと外れた平行次元に降りてしまって魂の伴侶とうまく出会えず、それが結果的に表の地球滅亡をもたらしたケースもありました。

魂の伴侶と表の世界で出会うのは、とてもデリケートなタイミング調節が要ります。ひとつ平行次元がずれるだけで、せっかく出会えても、何となく気にはなるけど、声をかけようかな？　どうしようかな？　と一瞬思っただけで、すぐに忘れてしまうという残念な結果になってしまいます。

五次元宇宙では、宇宙や神々の使命は必ず魂の伴侶と一緒に遂行《すいこう》します。それは三次元世界での使命でも同じです。大きな使命を帯びていればいるほど、魂の伴侶の手助けが重要になります。魂の伴侶と計画通りに出会えれば、もうその使命は八割方成功したようなものです。

お兄さんが表の世界で金星人の『ゆな』に予定通り出会えた時には、地底と月のモニターを固唾《かたず》をのんで見守っていたみんなから『エクセレント！』と喝采が上がったのですよ。地底の長老さまも、『今回だけはナイスでもグレートでもダメだったのじゃ。どうしてもエクセレント！　が欲しかったのじゃ。よかった、よかった』と涙ぐんで喜んでおられましたからね。お兄さんたちは善き長老孝行をされましたね。まぁ、今回のおふたりの出会いのミッションのタイムキーパーは私が務めましたから、最初から100％エクセレント！　だったのですけどね」

「その通りですよ。妹さんの人生干渉のタイムキーパーの腕前は、太陽系一ですからね」と白いのっぽの宇宙人さんが誇らしげに言いました。

月の大切な役目

「さぁ、地底の世界へと戻りますが、せっかくですから月の内部も見ていただきましょう」

白い宇宙人さんが宇宙船に話しかけると、宇宙船のまわりの波動シールドの色が黄白色に変わって月の上空に昇っていきました。

「月の内部にも地底の世界や地下都市があるのですか？」

「小さな地下都市は100あまりありますが、どこも宇宙船の駐機とメンテナンス場だったり、さきほどの月都市の愛の波動エネルギーの貯蔵庫だったりが主です。月の軌道調節センターも数カ所ありますが、最近ではあまり月の軌道を変化させることはしていません」

「月の軌道を変化させるのですか？　それはどんな時に行うのですか？」

「表の地球にはこれまでに5つの文明が起こっては消えていったことは、よくご存じですね。地球さんが本気で怒ったり泣いたりすれば、地球さんの力だけでも文明を滅亡させてしまうことはできます。

しかし地球さんは、いつの時でも辛抱強く堪え忍んで、人間たちが目覚めるのを待っていてくれます。どの文明も最後に近づくほど、猛毒を地球さんに浴びせ尽くすので、地球さんの愛の波動エネルギーはヘロヘロになってしまっています。そこで地球さんが『もうダメです。限界です』と叫ぶと、私たちはこの月の軌道を調整して大地震や大津波を起こしたり、火山の大噴火を世界中で起こさせたりしてきました。地上の大陸を一気に大移動させることだってできます。

もうひとつ、月の大切な役目があります。それは小惑星や隕石が地球に衝突するのを防ぐ役目です。月の表面にはたくさんのクレーターがあるように、三次元世界からは見えるようになっていますよね。

実際にこれまでも多くの小惑星や隕石の地球への衝突を、この月が未然に防いできました。小惑星や隕石の地球との衝突を月が身を挺《てい》して防ぐ時には、できるだけ月の中心に衝突させるように、月の軌道を調節します。中心で受けとめれば、想定外の破片が生じて地球に落ちてしまうことを避けられます。月のダメージも最少で済みます。

先日も、人類滅亡を画策し続けてきた三次元地球の闇の大本たちが、最後の一手として名だたるパンディットたちを誘拐洗脳して、太陽系の暗黒惑星を地球に衝突させようとしましたが、月の軌道を変えると共に、暗黒惑星の意識体を呪縛から解き放つことで事なきを得ました。表の地球人たちの誰にも……天文学者や占星術師たちにも気づかれずに陰謀を消し去れましたが、闇の大本たちは大パニックだったでしょう。因果応報を装った強力な人生干渉で、彼らにとっては最悪の結果を実体験していただきましたからね。魔界や霊界に逃げ落ちようとした大本たちもひとり逃さず『無の平行次元』に収容しました。これからの数年間は、このような大捕物が頻発するかもしれませんが、今回のような宇宙規模の画策はもう二度とできないでしょう。

月の都市は、地球に向いている半球面にしか建設されていません。月の裏側と呼ばれている面は、小惑星や隕石を受けとめるために、わざと何も建設しないようにしています。小惑星や隕石の衝突を観察するための小さな施設は設けてありますが、どれも使い捨て仕様で、表の月都市のように強力なシールドで防御するようなことはしていません。

月の内部に宇宙人たちが暮らす都市を造らないのも、小惑星や隕石の衝突時の衝撃波で『病人』を作らない配慮です。地下都市に宇宙人たちが暮らしていなければ、重力や波動力を生命体の限界以上にかけることができます。地下都市での作業はアンドロイドやロボットたちにすべて任せてあります。彼らが最も快適で効率よく働ける環境にセッティングされていますので、宇宙人が地底都市へ入る際には、専用の宇宙服を着る必要があります。どうです、月って素晴らしいでしょう？」

白いのっぽの宇宙人さんがとても自慢気に言いました。

「実は、私はこの月で生まれたのですよ。正確に言えば、この月で地底人の母とオリオンの父とがまぐ愛って身ごもってもらった子供です。生まれたのは金星ですけどね」

「白い宇宙人さん、あれほど素晴らしい医療センターがあるのに、なぜ月で生まれなかったのですか？」

「月の医療センターで出産することは滅多にありません。予想外の緊急事態で出産しなければならない時は、もちろん月の医療センターでも出産できます。しかし、せっかくすぐ近くに、この銀河でも有数の愛の星があるのですから、『産湯は金星で』が宇宙人たちの常識です。地球時間で月から金星までは数分しかかかりませんからね。月都市で子育てする宇宙人は見かけませんね、みんな金星でゆっくりと子育てを楽しみますから。私にとっての故郷は金星です。子供の頃の幸せで楽しかった思い出がいっぱいあります。そんな思い出に浸ると……ほらね」

白い宇宙人さんのオーラが金色にキラキラと輝いて見えました。それは本当に幸せで楽しい思い出だったことが喜びと愛の波動で伝わってきます。私も金星へ行ってみたくなりました。

「お兄さん、今回は残念だけど金星訪問はおあずけですね。でも大丈夫。すぐに行けますから。金星旅行を楽しみにしておいてくださいね」とちょっと残念そうな顔で妹が言いました。

「これから月の内側へ降りていきますよ。ちょっと揺れますから……はありませんので、前面モニターを見ていてくださいね」

白い宇宙人さんがそう言うと、宇宙船はスルスルと月に向かって降りていきました。宇宙船の波動シールドの周波数が変わったからでしょうか。先ほどの月都市を包んでいた波動シールドは見えず、単調にのっぺりと銀色に反射した月面に降りてきて、何の衝撃もなく、月面を越えて月の内部へと入っていきました。

「月の中心にも、地球のような地底の太陽があるのですか？」

「月にはありません。月にも意識体があって、その中心には月の重力子体もありますが、独自の太陽はありません。月自身の活動エネルギーは、宇宙の愛の波動エネルギーだけでまかなわれています。大きく軌道調節をする場合には、地球や太陽からエネルギーを補給してもらうこともありますが、月は月だけで生きているのです」

月の地底に広がっている月の波動がブルブルッと喜びを表現してくれました。

「ほら、地球人たちの平行次元が見えてきましたよ」

モニターには、色とりどりの無数の光の珠が集まった大きな球形の集合体が見えています。

「これが三次元波動の地球人たちがこれまでに創ってきた平行次元たちです。個人的な平行次元から国家レベル、世界的な平行次元まで、すべてがここに貯蔵されています。このような貯蔵庫が月の中に8つあります。

ひとつの貯蔵庫にひとつの文明の平行次元たちが貯蔵されています。ひとつは宇宙人や地底人たちが三次元世界に降りていった際に創った平行次元たちを集めて貯蔵しています。どの貯蔵庫も月都市と繋がっていて、月都市からは宇宙全域と波動エネルギーで繋がっているので、どこの宇宙人でも自由に三次元地球人や社会の平行次元にアクセスすることができます。まぁ、個人的な情報に興味を持つ宇宙人などいませんから、表の地球人が好きな『プライバシー』は守られている、と言って良いでしょう。

この中では、やはり宇宙人や地底人が三次元世界に降りていった時の情報が最も多くアクセスされています。他の宇宙ではなかなか味わえない『スリルとサスペンス』ですからね」と言いながら、私にウィンクして笑いました。

「宇宙人が三次元肉体スーツを着て、三次元世界で暮らす際には、予言者やチャネラー、巫女《みこ》や魔女などになることが多いのですが、それは意図的にこの情報貯蔵庫にアクセスする能力を残して降りていったからです。表の人間人生の、ある年齢やある事件をきっかけに、ここと繋がるように計画して降りていった宇宙人たちも多くいました。

ただ、平行次元の概念を理解できる智恵がなかったために、大失敗して自滅したり、殺されそうになって逃げ帰ってきた宇宙人たちも多くいました。この30年ほどでしょうか、表の世界でも平行次元を理解できるようになったのは。理解して、それが当たり前になってしまえば、宇宙を見る目も変わってくるものです。五次元宇宙を理解するには、平行次元が何たるか、を知ることが必須ですからね」

「白い宇宙人さん、なぜ地球人の平行次元の貯蔵庫が月にあるのですか？　地球にあった方が便利なような気もするのですか？」

「地球にこの貯蔵庫を置くと、どうしても地球自身や地球人の集合意識体に波動的な干渉を起こしてしまう危険性があるからです。地球の意識体や地球人の集合意識体がデジャブを感じて、予想外の反応を生じてしまうかもしれないのです。核戦争勃発の危機が直前で回避できるはずだったのに、地球人の集合意識体がデジャブで核戦争で滅亡した平行次元を見てしまって、その恐怖のあまりにパニックを起こして、再び核戦争のスイッチを押してしまった……などが起これば、笑い話にもなりませんからね。

月というのは、その意味でも地球からちょうどよい距離にあります。この距離なら、地球と地球人に不用意なデジャブを見せることはありませんからね。

本当に誰がこんなに素晴らしい衛星を創ったのでしょうね。神々に尋ねても、私たちではありません、と言われます。私は、この宇宙自体の『愛』の意図を感じています。すべては愛なのです。私もあなたも、この月も地球も宇宙も、すべてね」

そう言いながら、白いのっぽの宇宙人さんのオーラは、大きく広がりながらキラキラと輝いていました。

観音さまの声　～光も闇も愛～

宇宙船は、瞬間移動したかのように青い地球に浮かぶ白い雲の上にいました。

「**いつ見ても地球は本当に美しいのですね**」

宇宙船は透明モードになっているので、私たちは雲の上に立っているようです。雲の上にいる……⁉　またデジャブです。私は光の前世療法を通じて、もう何十万回も白い雲の上で光さん、そう神々と対話してきたのでした。まさか自分自身がこうやって雲の上にいるなんて……「私は神？」とコソッと思ってみると、たちまち聞き慣れた観音さまの声がしました。振り返るといつもの観音さまが私の後ろに立っておられました。

「あなたも神ですよ。本当はもう知っていたでしょう？　地球人も地底人も宇宙人も、みんな本当は神の化身ですよね。魂の中に神がいます。血の中に神がいます。吐息にも言の葉にも神がいます」

「はい、観音さま、神さまは愛そのものであり、愛は神さまそのものだからです。この宇宙は愛で満ちあふれています。すべては愛の波動でできています。だから、私たちも愛の神さまです。私たちの細胞ひとつひとつも、一緒に生きている腸内細菌たちも、愛の神さまの化身です。

光も闇も愛です。魔物が吐き出す猛毒も邪念も、その本質を突き詰めて残るのは愛です。

本質が愛ですから、闇も魔物も猛毒も邪念も、愛に還せます。その術が医術と呼ばれています。

お薬師さまの薬壺には愛しか入っていませんでした。なぜなら万病の本質も愛だからです。愛がすべての宇宙……なんて美しいのでしょう。ありがとうございます」

そう言うと観音さまはパッとお薬師さまの姿になって、「**これで宇宙一の医師たちの仲間入りですね。良かったです。私もホッとしました**」とおっしゃってくださいました。

妖精たちと子供　〜愛のパワースポット誕生の瞬間！〜

下を覗くと、見慣れた日本列島が青い海に浮かんでいました。

「**この宇宙船も操縦してみますか？**」と笑顔の白い宇宙人さんが私に言いました。

「**瞑想するように意識を落ち着かせて、そう、その調子です。宇宙船の意識体からあなたにコンタクトしてもらいますからね**」

すぐに優しい地球人の女性の声が聞こえてきました。

「**こんにちは。私がこの宇宙船の意識体です。私の地球名は『マグダ』、私はあなた**

のことをよく知っていますよ。私と妹さんは、何度も宇宙の大冒険をしてきた大親友ですからね。さぁ、まずはあなたが今、暮らしている町へと降りていきましょう」

日本がどんどん近づいてきて、私たちは大阪の町並みの上空に浮かぶ雲の上に立っていました。のんびりと犬を散歩させている人の姿も、学校帰りにじゃれあっている小学生たちの姿も見えます。

「表の人たちから私たちはまったく見えないのですか？」

「白い雲が変な動きをしているのは見えますが、空の雲をゆっくりと眺めている人間など、もうこの世にはいませんからね」と白い宇宙人さんがちょっと悲しそうに言いました。

「この数年間の『今ここ』しかないという素晴らしい時代を棒に振ってしまうなんて、なんて愚かなのでしょうね。下の町並みも人々も三次元波動です。私たちは五次元波動のままです。普段は姿を消さなくても、三次元世界から私たちの姿を見ることはできません。私たちはいつでも三次元世界を生で見ることができますけどね。

でも、今だけは特別です。三次元世界の人たちも、感性の目で見上げれば、雲の上に立っている私たちの姿が見えるはずです。感性が完全に目覚めた人なら、雲の上の私たちと会話することだってできますよ。えーとほら、あの公園で遊んでいる女の子を見て。もう何かに気づいて、こっちを見上げていますよ。あっ、私たちのことを天使さんだと思ってくれています。降りてきて一緒に遊ぼうよ、と誘ってくれています。ここは妖精たちの出番ですね」

そう言いながら白いのっぽの宇宙人さんが胸に手を当てると、色とりどりのかわいい妖精たちが胸の扉を開いて駆け出してきました。どの妖精たちのハートにも、白い宇宙人さんのハートと同じ色の愛の光が輝いています。

白い宇宙人さんが孫悟空のように妖精たちを女の子に向かってフッと吹くと、妖精たちがキラキラしながら一陣の風に乗って降りていきました。女の子は大喜びで、妖精たちと輪になって踊り始めました。この女の子には、妖精たちの姿も声も手の温《ぬく》もりもすべて本物です。

「本物、真実は『今ここ』にあります。他のどこを探しても、見つかるものではありません。たとえ三次元世界の科学がこのまま発達できたとしても、意識体を持てない器械や道具では、私たちを探知することは永久にできません。それよりもあの子のように、無邪気な感性で何の先入観もなく、あるがままに『見る』ことができれば、い

つでも私たちと繋がり、友だちとなることができるのです。ほら、あの子はもう五次元波動化してしまいましたよ」

妖精たちと歌い踊っている女の子のまわりに、ピンク色のかわいいオーラが見えました。女の子が笑う度に、オーラの中にキラキラの金粉が舞っています。

「なんてかわいいのでしょう。まるで天使のようですね」と思った瞬間、女の子はこちらを見上げて、嬉しそうに手を振ってくれました。

「こうやって私たちは、表の人間たちをひとりずつ目覚めさせてきました。子供の場合は、無邪気に親に妖精や宇宙人や宇宙船や神さまの話をしてしまいます。子供の話に無関心な親なら心配はありませんが、最近ではほとんどの親たちがすぐに精神障害だと言って毒薬を飲ませてしまいます。ですから、子供たちに体験を話しても良い人とダメな人がわかるように、私たちは昔からソッと制御チップを埋め込んできました。

私たちの制御チップを埋め込まれた人たちが、ここ数年でいよいよ目覚めの時を迎え始めました。私たちとのコンタクトとチップの埋め込みが昔であるほど、制御チップが暴走したり機能不全に陥っているケースが目につきます。どれも長年の表社会の毒に冒されたのが原因ですので仕方ありませんが、難病奇病で苦悩させてしまって申し訳なく思っています。

そのような宇宙人病の方々が見つかると、私たちは最優先でチップの除去と人生干渉を行っています。ただ、身心を冒してしまった猛毒と邪念は自分で排毒浄化していただかなければいけません。これが表社会に暮らす人間たちには至難の業のようです。あまり強い人生干渉を行うと、どん底から抜け出せなくなって生きるのをあきらめてしまうケースもありましたので、そこは神々と相談しながらケースバイケースで事に当たっています」

白い宇宙人さんは、申し訳なさそうに大阪の街へお辞儀をしました。

「しかしここ最近は状況がとても好転してきました。目に見えないものが見えて、聞こえない声が聞こえても、黙認してくれる親が増えてきたのです。もちろんまだまだ精神科病院に連れていかれてしまう子供たちが圧倒的に多いのですが、目覚めた感性をそのまま使いこなすことを許してくれる親が増えたことは、表の地球にとっても喜ばしい変化だと言えます。蟻の穴から堤も崩れます。私たちは表の世界の覚醒という希望を、目覚めた子供たちに託しながら、日夜、子供たちを月から見守っています。

もし子供たちが夜、月を見上げて、誰かとお話をしていたら、ソッとしておいてあ

げてください。それは、私たちとお話ししているだけのことなのですからね」

地上の女の子は、迎えにきたお母さんと一緒に帰っていきました。妖精たちは、女の子についていくグループとそのまま公園に残るグループに分かれて、互いに手を振りあっています。

「こうやってまたひとつ、愛のパワースポットが誕生したわけです。これからあの公園は、愛が欠乏した人たちが癒やされる憩いの場となりますよ」

ほんのりとピンクのオーラが公園を被っているのを見た宇宙船のみんなも嬉しそうに微笑みました。

すべての〝もうひとりの自分〟が教えてくれる「今ここ」

「これを見ていただきなさい、と神々から託されたビジョンがあります」と白いのっぽの宇宙人さんが言うと、私たちは元の姿の宇宙船の中に戻りました。床だけが透明で、日本全国が見渡せる高さに浮かんでいました。

「月でご覧いただいた平行次元の記録は、こんなふうにも使えるのですよ」

白い宇宙人さんが指をパチンッと鳴らすと、日本に鉛色のモヤがかかりました。

「ここからちょっとモヤを吹き分けてみてください」と言われたので、まず関西に向かってフッと強く息を吹きかけてみました。モヤが重だるそうに関西から移動すると大阪を中心に大小の赤黒く光る点が見えました。

「どれかに意識を合わせてみてください」

私が一番大きな点に意識を合わせると、私の意識の中に、もうひとりの私の姿が見えてきました。

それは開業することなく、そのまま勤務医を続けている私の姿でした。家族も仕事内容も趣味も楽しみもすべて昔のままでした。上から見ていると昔のまま、それなりに人生を楽しんでいるように見えました。

「その人生の終わりを見ましょう」

ビジョンが早送りとなって、私は病院のベッドの上にいました。胃ガンの末期で、今日、死にます。昏睡《こんすい》状態から一時的に意識を取り戻して、今生を振り返っているところでした。

それなりにやり遂げた充実感はありました。多くの患者を救いました。家族にもそれなりのことができました。時々はそれなりに楽しいことや幸せを感じたこともありました。まぁ、これで良かった、と安心していました。

「『今ここ』のあなたと見比べるとどうですか?」と白い宇宙人さんに尋ねられると、何だかとても物足りない気がしました。

それから次々ともうひとりの私の平行次元を見ていきました。診療所を火災で失わなかった人生では、心筋梗塞で突然死するまで、ずっと元の診療所で前と同じ診療を続けていました。スピリチュアルにはそれなりに長けていましたが、この世の闇を知ることもなく、三次元波動のままで死を迎えていました。人生を見比べてみると、何だか哀れな感じがしてきました。

心斎橋の医院が倒産してしまった平行次元では、瀬戸内の港でぼんやりと釣り糸を垂れている私が見えました。どこかの勤務医に戻っていましたが、生きる気力がもうなくなってしまっていました。奥さんも病のまま、ずっと社宅で寝込んでいました。何も釣れなくても良かったのです。もう何も……針にエサはついていませんでした。もうすべてが嫌でした。人生を見比べる気もしませんでした。

北海道のはずれの病院に勤めている私も、大学病院の上司の言いなりで結婚してしまった私も、医者になれなかった私も、我欲に走ってしまった私も……すべてのもうひとりの私の人生の結末を知ってしまいました。

そして、気づきました。

「今生の『今ここ』のわたしの人生が最も輝いています！」

宇宙船の中に大拍手が響きました。

「三次元世界のままだと決して気づくことはできなかったことです。幸せとは？ 豊かさとは？ 愛とは？ そのすべての答えが『今ここ』の私の中にあります。私は財のどん底を、奥さんは病のどん底を抱えたままで、気を許すと不安と心配にこころを奪われてしまいますが、だからこそ、お互いに支えあって、助けあって、補いあって、ふたりの『今ここ』を創っていたのです。

五次元宇宙では、想念の具現化パワーが強大になります。何でも手に入れられます。我欲もエゴもすべて満たし尽くすことだって簡単にできます。でも、五次元宇宙人の誰もそんなバカげたことはしていません。そんな発想自体が浮かんできません。

どん底は、三次元波動の我欲とエゴを浄化してくれます。どん底の中で湧き上がる

不安と心配を踏み板にしてジャンプすれば、どん底から抜け出せて、五次元宇宙人の仲間入りができます。

こうやって今生の平行次元のもうひとりの自分たちを見せていただくと、『今ここ』の自分が今生で最高だ、ということに誰もが気づくことでしょう。そうやって気づいてあげることで、無数の今生の平行次元を生きた自分たちもその使命から解放されて、魂の故郷である大いなる光の中へ笑顔で戻っていけるのです。光に変わった今生の平行次元の自分たちが、どん底から不安と心配を踏み板にしてジャンプした『今ここ』の自分の背中をつかんで、守護霊となって天へと引き上げてくれているのを強く感じます。

『今ここ』が最高です。その最高に引き上げてくれた平行次元のもうひとりの自分たちへの感謝と愛の喜びを忘れてはいけません。これに気づけば、誰でも五次元宇宙に入れます」

平行次元のもうひとりの自分たちが落ち込んでいたどん底が、重いモヤと共に消えていき、日本が美しいお花畑でいっぱいになっているのが見えました。そのお花畑はどんどんと世界に広がっていき、とうとう地球は美しい花園の星になってしまいました。

宇宙船の中のみんなを振り返ってみると、みんな『今ここ』を生きているのが見えました。宇宙船も地球も月も、みんな『今ここ』にいます。宇宙全体から声が聞こえてきました。

「愛は『今ここ』にしかありません。いくら過去や未来を探しても、本当の愛はそこにはありません。『今ここ』にしかないので、愛を何かに閉じ込めておくこともできません。愛は絶えず循環しています。愛をどこかに留め置くことはできないのです。愛を留めれば、その愛は死にます。

これから多くの人たちに愛を伝えてあげてください。わからない人、感じ取れない人ばかりでも構いません。千人にひとり、万人にひとりでも構いません。愛に気づいた人をここへ導いてきてください。今日と同じビジョンをその人にも見せてあげますから。気づきや覚醒、次元上昇は、愛を知ることに他なりませんからね。お願いしますよ」

空中戦　～地球人の起こす惨状～

宇宙船は日本を離れました。もう北極上空にいます。ここには地底の世界への入口があるからでしょうか、たくさんの宇宙船が行き交っているのが見えました。

地底人の宇宙船は、美しい赤みがかった波動エネルギーに包まれています。宇宙人の宇宙船も美しい虹色のエネルギーに包まれています。宇宙船の母星によって、虹色のどれかが強調されて見えるのだそうです。

表の地球人が作った宇宙船も飛来していますが、どの宇宙船もススで汚れたような黒色の弱々しい光を発しながらヨタヨタと飛んでいました。それはまるで酔っ払いが千鳥足で歩いているようで、地底人と宇宙人の美しい宇宙船など、まるで目に入らないように平気でぶつかってきます。美しい宇宙船たちは、そんな泥酔宇宙船たちをヒヨイヒョイと上手にかわしています。

「**鬼ごっこみたいでしょう**」と妹が言うと、宇宙船の中に大笑いが広がりました。

「私たちの宇宙船は、宇宙の愛の波動エネルギーで飛んでいます。宇宙船そのものが意識体で、互いに信頼関係で結ばれています。地球の馬と人間の関係に似ていますね。馬は単なる乗り物ツールではないでしょう？　愛の信頼関係がなければ、障害物を飛び越えてはくれませんよね。嫌な乗り手はすぐに振り落とされてしまいます。どうしたら馬に気に入られるか？　ニンジンを持っていく？　ムチで叩く？……三次元の発想はそんなところでしょう。

私たちは、宇宙船の意識体を大親友としてリスペクトしています。宇宙船も私たちをリスペクトしてくれています。だから『人馬一体』で、宇宙船は最適ルートを最高のパフォーマンスで飛んでくれます。

表の地球人の宇宙船は、小型核融合炉と電磁プラズマを動力源にしようとした試作品ばかりなので、あのように汚れた波動しか出せません。重力子体もまだコントロールできていないので酩酊《めいてい》してしまいます。何より宇宙船に意識体が宿っていません。あれでは地球の意識体さんにとっては異物でしかありません。牛に群がるアブのようなものです。

私たちの宇宙船の意識体は、地球の意識体さんとも信頼関係で繋がっています。こうやって地球の空に浮かんでいる時、私たちの宇宙船はほとんどエネルギーを使っていません。地球さんが自分の重力子体で、まるで手のひらで支えるように私たちの宇宙船を浮かせてくれています。私たち宇宙人がどの高度で、どのような飛行をしたいのか、どこに行きたいのか、を宇宙船の意識体を介して瞬時に読み取って宇宙船を飛ばしてくれます。私たちは地球の重力子体に身を任せて、ただ波乗りするように進んでいるだけです。

これは宇宙空間を飛行する時も同じです。宇宙意識体と繋がれば、宇宙意識体が自らのダークマターを使って、私たちを瞬く間に目的地へ連れていってくれます。それは宇宙意識体さんが宇宙の『どこでもドア』を開いてくれる感覚です。私たち宇宙人の多くは、地球から遥か彼方の星からやってきましたが、私たちの宇宙船で動力を使うのは、宇宙意識体が開いてくれた『どこでもドア』に出入りするわずかな距離の間だけです。もちろん何かアクシデントが起こった時に備えて、１００万光年くらいは悠々と自走できるようにはなっていますけどね。

表の地球人は、光速でワープ飛行できれば、宇宙人とファーストコンタクトできて、宇宙の文明世界の仲間入りができると思っているようですが、ワープ飛行で最寄りの衛星や惑星と行き来できてはいるけれど、まだ三次元波動のままの人たちとコンタクトすることとは、私たち五次元宇宙ではあり得ません。そのような宇宙人たちは、いずれ自分たちの宇宙を破壊してしまいますからね。三次元波動の世界に私たちがアクセスするのは、今回のようにその星自身が三次元波動から五次元波動へと次元上昇する時に限られています。

逆に、宇宙が愛の波動で満ちあふれていることに気づき、その愛の波動で意識体同士が繋がり合えることに目覚めた星なら、たとえワープ飛行ができなくても、私たちは愛の仲間として喜んで迎え入れています。表の地球人たちも、早く宇宙の愛に目覚めて、私たちの仲間入りを果たしてもらいたい、と宇宙人の誰もが願っています。

さぁ、ちょっと面白いものをご覧に入れましょう」と白いのっぽの宇宙人さんが言うと、宇宙船のまわりのオーラのような輝きがスッと消えてしまいました。

「今、表の宇宙船たちから、この宇宙船が見えています。どんな反応をするのか？よく見ておいてください」

宇宙船が透明になって、私たちはまた空に浮かんだまま立っていました。何かに驚いたように、表の宇宙船たちが一斉にこちらに向かってきます。

「心配は要りませんよ。表の宇宙船たちには、この宇宙船の姿が『謎の円盤』らしく見えているだけですからね。ほら、そろそろ始まりますよ」

表の宇宙船たちがミサイルやレーザー光線を発射してきました。それは統率がとれた一斉攻撃とはほど遠い、パニックで乱射したような攻撃でした。宇宙船の仲間たちを振り返ってみると、みんなとても悲しげな顔をしています。

飛んできたミサイルもレーザー光線も、私たちをすり抜けてしまい、その中の何発かは表の地球の宇宙船に当たってしまいました。パニックがますます広がり、やがてそれは疑心暗鬼と憎悪となって、表の宇宙船同士が入り乱れての空中戦になってしまいました。

「いつもこうして彼らは自滅してしまうのです。これはここだけの話ではなく、今の表の地球の至る所で起こっている惨状なのです。

なぜ彼らは殺しあうのでしょうか？　地球の他の動物たちの方がよほど宇宙の愛と繋がっています。

私たちは、この地球の動物たちや植物たち、岩や海さんたちが大好きです。表の地球人のいない三次元地球に蘇生させる方が良いのではないか、という意見が宇宙人た

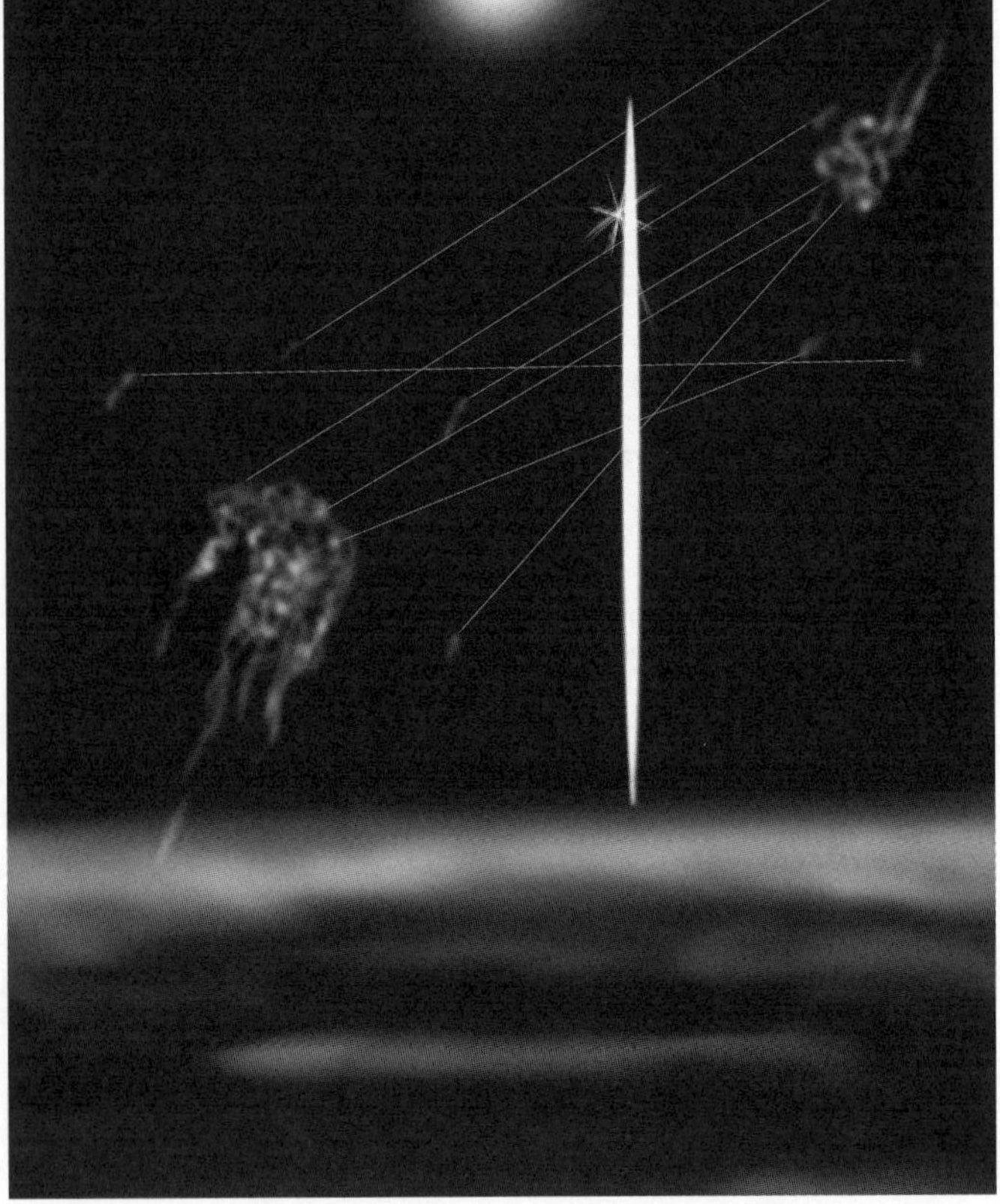

ちの会議で声高になってきたのも事実です。

そんな地球のシミュレーションは、どれも平和と愛にあふれた地球になると確約してくれています。ただ、いつも地球意識体さんが『もう一度だけ地球人に目覚めのチャンスを与えてあげてください』と懇願されます。なぜそこまで、野蛮な地球人に肩入れされるのか？　はわかりません。どんな結果になろうとも、地球意識体の意思が最優先されるのは宇宙の理ですから、今回も地球人が蘇生された地球に残ることが許可されました。宇宙の意識体さんも神々も『気長に待ちましょう』とおっしゃってます。私たち宇宙人たちも、これが五次元宇宙の進化に繋がる何かなのだろう、と期待しながら、表の地球を見守ることにしました。

いつの時代でも、どの星でも、気づきはすぐ身近にありながら、遥か彼方を探してしまうものでした。私たちの祖先たちも、きっとこの表の地球人たちのようだったのでしょう。こんなにも姿形が異なっていても、『生命』という点だけは、私たちも地球人も同じなのです。だから、許せるし、愛せるのでしょう。宇宙に広がっているすべての『生命』も愛なのです」

そう金色の宇宙人さんが語ると、宇宙人たちはみんなで愛の大きな花を虚空から創り出して、墜ちていった宇宙船と地球人たちの上に捧げてくれました。

地底人の「働く」と地球人の「働く」

「さぁ、地底の世界を思い出して、その懐かしいイメージを宇宙船の意識体さんに伝えてあげてください」と白い宇宙人さんに言われた通りに、地底の丸い家々が温かさを分かちあうように寄り集まった町を思い浮かべました。すると、氷に覆われていた北極にポッカリと大きな穴が開きました。

「あれが五次元波動の地底の世界への入口です」

宇宙船は入口に吸い込まれていきました。穴の中も五次元波動のエネルギーでシールドされていて、淡いオレンジ色に染まっています。

「もし表の宇宙船がこの穴の中に入ったら、3秒で分解して消えてしまうでしょう。三次元と五次元の波動には、計り知れない差がありますからね」

「表の地球人は、絶対に地底の世界へは侵入できないのですか?」

「**私たち宇宙人や地底人と一緒にいれば、いつでも誰でも入ることができます。でも、もし地底人を人質にして地底の世界へ入ろうとしても、この五次元シールドを通っている間に、人質の地底人は消えてしまいます。同伴者を失った表の地球人たちは、三次元の地殻内部に取り残されてしまうでしょう。ほら、地底の世界の光が見えてきましたよ**」

オレンジ色のトンネルの出口が近づいてくると、地底の世界の波動がどんどんと強く感じられてきました。

「**戻ってきましたよ！**」と妹もホッと安堵のため息をついています。私のこころも懐かしい故郷へ帰ってきたような郷愁を味わっていました。

地底の世界の空をゆっくりと飛んで、妹たちが暮らす町へと着きました。

「**もうすぐ夜が明けますよ。朝日さんが昇ったら、挨拶しにいってみましょう**」

宇宙船が透明になりました。私たちは町の上空から海の方を見ています。空が白んでいき、鳥たちが歌い始めました。家々の窓が開いて、地底の人たちがベランダや庭にノビをしながら出てきました。子供たちと犬のような動物たちは、もう元気に走り回っています。花々も朝日を待ちかねたかのように次々と咲き始めました。

やがて海の向こうから真っ赤なお日さまが顔を出すと、町も森も人々もみんな真っ赤な朝日に染まりました。私たちも空に浮いたまま真っ赤に染まっています。

「**なんて美しいのでしょう。毎朝、この美しさを味わうために生きているようなものです**」とモグラ姿の宇宙人さんが両手をいっぱいに広げながら言いました。

「**みなさん、おはようございます！　今日も元気いっぱい、楽しみましょう！**」と朝日さんが地底のみんなにテレパシーで挨拶すると、地底の人たちも森も花々も家々も、地底の世界のすべてが朝日さんに「**おはようございます！**」と挨拶しています。

そして誰もが朝日さんから、一日の糧である愛の波動エネルギーを全身で受け取っています。瞑想しながら愛を浴びている人たちも、太極拳のような体操をしながら愛を浴びている人たちもいます。子供たちは朝日さんに向かって駆け出しています。

森の木々も草花たちもスイングしながら朝日さんの愛を味わっています。鳥たちも朝日さんの愛の光とダンスをしているかのようにクルクルと舞っています。イルカさんたちは海から楽しそうに連続ジャンプをして朝日さんの愛を楽しんでいます。クジラさんは高く潮を吹いて、朝日さんの愛に虹をトッピングしています。

「**朝日さんの愛の波動は、海の底にもちゃんと届いていますよ。ほら！**」と声のする海面を見ると、色とりどりの人魚さんたちがイルカさんたちと一緒になって海面ジャンプを楽しんでいました。

「本当に美しいです。地球がこんなにも美しいことを表の人たちにも、ぜひ知ってもらいたいものです。そのためにも早くこの地底の世界を誰もが自由に訪れるようになって欲しいですね」と言いながら、私はモグラ宇宙人さんとハグしました。

「地底の世界の朝日さんと夕日さんは、いつ見ても宇宙の宝物ですからね」

モグラ宇宙人さんの何気ない一言で、私は「あれ？」と気づきました。この町で美しい夕日が海に沈んでいくのを見ました。そして今、こうやって同じ海から朝日が昇ってきています。朝日と夕日が同じ町で見られる？　どういうことでしょうか？　その疑問を金色の宇宙人さんが読み取って、教えてくれました。

「この地底の世界にある都市は、どこでも朝日さんと夕日さんに向きあえます。表の地球ではあり得ないことですが、地底の世界ではこれが当たり前のことなのです。簡単に言えば、表の世界は単純な地動説ですが、地底の世界ではちょっと複雑な地動説で天空は動いています。

地底の太陽は、五次元地球の中心に位置しています。そのまわりに地底の街や森や山と海をのせたプレートがあり、それぞれが球体の五次元波動シールドに包まれて、地底の太陽のまわりを回っています。この球体は5つあります。球体の半分は空で、半分が海と陸です。

この5つの球体がいつも同じ方向に自転していたら、表の世界と同じように朝日と夕日を同時に見ることはできませんが、地底の5つの球体は自転軸を2つ持っているので、ちょうどお昼に真上にお日さまが来るとその後、お日さまは昇ってきた方向へと帰っていきます。地底のお日さまはラグビーボールのような形の道をたどって、昇り沈みをしているわけです。海の日の出の地点とお昼の頭の真上の点をラグビーボールの2つのとがった点だと思ってイメージしてください。

この地底の5つの球体は、地底の人たちと地球意識体の五次元波動でコントロールされていますので、地球誕生以来、寸分の狂いもなくいつも同じ動きを続けています。表の人たちが地球の自転の動きや振動をまったく自覚できないように、地底に暮らす人たちは、それが生粋の地底人であれ、宇宙人であっても、その複雑な天と地の動きの振動を異様に感じる人はいません。慣れてしまえば、それが当たり前になりますし、この地底の球体の動きよりも、もっと複雑で理解しがたい動きをしている星は無数にありますから、知識としてはみんな知っていますが、それに囚われるよりも、それがもたらしてくれる美しさと感動と感謝の方に目が向いています。

表の世界のように地球の地軸の傾きがもたらしてくれる四季折々の美しさは、この地底の世界では物理的には生じませんが、だからこそ、地底人たちは長年の調査探求の末に、表の世界と同じレベルの四季の美を、この地底の世界にも再現しました。それはホログラムではなく、本物の動植物たちと土と水が織りなす『自然』の美しさです。今では表の世界では絶滅したり破壊されてしまった本物の自然美が、この地底の世界で栄えているのは、宇宙にとっても大きな宝物なのです。

今回、三次元地球を蘇生するに当たって、この地底の世界を三次元地球に残すかどうか？　を神々と宇宙人たちと地底人の間で何度か話しあいました。そしてもう一度、同じ状況、すなわち三次元世界と共に五次元波動の地底人の世界がある地球に蘇生することにしました。

もちろん次元上昇した五次元地球さんでは、地底の世界と五次元化できた表の世界はワンワールドとなっています。そして晴れて五次元宇宙の仲間入りを果たして、もう表と地底の区別なく、『地球人』として宇宙人たちに迎え入れられています。これは地球に関わるすべての意識体と神々にとって、最大の喜びであり愛の発露であったと思います」

町の人たちが朝の日光浴を終えました。家へ帰る人たち、港や広場で踊り始める人たち、畑や森へ向かう人たち、草花たちの手入れを始める人たち……地底の人たちの日常が始まりました。

「地底の世界にも宇宙にも、お金はありません。お金の代わりになるものが愛と感謝です。お金のために働く仕事もありません。愛と感謝のためになら、誰もが喜んで時間を使います。愛と感謝のための仕事なら、いくらでも創造できます。

表の世界にある肉体労働や知的労働は、この地底の世界ではすべて想念の具現化で行ってしまいます。ロボットやアンドロイドに重労働や危険な仕事を任せているわけではありません。そのような仕事自体がもうこの地底の世界には存在しないのです。

町や港を作り直したり、大きな宇宙船を修理する時には、みんなの想念の具現化力を集めて使えば事足ります。人々が暮らす町のインフラを支えるために、地下にロボットやアンドロイドたちが働く都市があるというイメージは、表の三次元な人たちの妄想に過ぎません。

この地底の人たちは、働かないわけではありません。働くという意味が表の世界とは異なっているのです。愛のために、喜びのために、楽しむために、感謝を分かちあうために、何かを誰かのためにすることが『働く』意味です。智恵を得る、感謝を得る、愛を得る……何かを得るためにすることは『働く』ことにはなりません。

得るためではなく、分かちあうために働くことに目覚めると、五次元宇宙の美しさと愛と感謝が鮮やかに見えてきます。地底の子供たちは、この気づきに達すると大人の仲間入りができます。それは生まれてからの年数とは関係ありません。生まれてすぐにもう大人顔負けの気づきに達している子供たちもいますし、長い間、子供時代を楽しむ子たちもいます。そこに優劣などありません。魂がそうしていたいから長く楽しんでいるのですし、早く気づいて、その気づきをどんどん深めていって、それを智恵と成して多くの人たちと分かちあいたい魂だった……それだけの話ですから」

金色の宇宙人さんは語り終えると、フワッと町の子供たちの輪の中へと降りていきました。子供たちが宇宙人さんの手を引いて近くの丸いキノコ型の家へ入っていきました。

「これからあの子たちは、宇宙人さんに楽器作りを教えてもらうのですよ。前からみんな、約束していましたからね。金色の宇宙人さんが奏でる楽器からは、金星の深い愛の波動があふれ出してくるので、地底の人たちは誰もが、金色の宇宙人さんが作る楽器をとても大切にしています。あの子供たちは、みんなでひとつの楽器を作って、それを今度の長老さまのお誕生日にプレゼントするつもりなのです。どんな楽器でも、ひとりで作るよりも、みんなで作った方が愛の波動がより複雑に絡みあいながら、やがて調和して、魂に染み込んでくる素晴らしい音色を奏でてくれます。あの子たちがどんな愛のハーモニーを奏でてくれるのか、今からとても楽しみですね」と妹がキノコの家に向かって手を振りながら教えてくれました。

地底の温泉とまぐ愛

「さぁ、これから地底の世界の『病院』へご案内しますよ」

「あれ？　地底の世界には、病気はなかったのでは？」

「ふふふ、行けばわかりますよ」

妹の悪戯っぽい目がクスクスと笑い転げています。私たちはゆっくりと空を歩きながら、町の向こうに広がる山々へ向かいました。

緑豊かな森に包まれた山々の間に、ほんわりと湯気がたなびいています。その下へ目をやると、渓谷に沿って丸いバンガローがお行儀よくきれいに並んでいるのが見えました。

「温泉？」

「正解！　ここは地底の温泉病院です。病院と言っても、病人はひとりもいませんけどね。月の医療センターで大活躍しておられるカエル先生のような『お医者さま』も、ここにはひとりもいません。お兄ちゃんが地底に戻ってきたら、地底の世界で最高の『お医者さま』になれちゃいますよ。まぁ、仕事はないけどね」と妹が言うと、みんなが大笑いして応えました。

地上に降りていくと、甘くとろけるような香りがしてきました。でもベトベトした感じではなく、香りを手のひらですくってみると、細かな砂のようなサラサラした感じがしました。妹はちょっと大きめのバンガローへとみんなを招き入れました。そこの中心には大きな露天風呂風の温泉がひとつあり、まわりを小さな小部屋が囲んでいました。

「皆さん、お疲れでしょうから、ここで小休憩を取りましょう」

連れの地底人さんや宇宙人さんたち、人魚さんやイルカさんたちは、妹がそう言い終わる前に、すでに温泉に浸かっていました。ここには脱衣場はありません。誰も衣服、宇宙服、裸を気にも留めずに、そのまま温泉を楽しんでいました。

「裸を恥ずかしがるのって、ここ100年あまりに生まれた表の地球人社会の『美徳』ですからね。男女混浴だなんて、野蛮人のすることでしょう？」と妹はすまし顔で天井を見上げて言いました。

「宇宙は愛です。私たちみんなも愛です。愛の言葉、愛の想い、愛の行いが、どの宇宙でも最も大切にされています。私たちは愛を大切にして、愛に感謝し、愛をこころからリスペクトしているので、愛を恥ずかしいと思ったことなどありません。

地底の温泉は愛の湯です。金星の愛の湯と同じ愛の波動が満ちあふれています。ですから、愛しあう人たちがこの温泉を楽しんでいると自然にまぐ愛たくなってきます。このまわりの小部屋は、そんなまぐ愛を楽しみたくなった人たちが自由に使える愛の小部屋です。ちょっと覗いてみますか？」と言いながら、青い宇宙人さんは小部屋のひとつに入ると私を手招きしました。

小部屋の中には何もありません。半球状の淡い銀白色の光が広がっているだけでした。

「ここの小部屋は、どれも小さなホログラム・ルームです。ここにはさまざまな宇宙人たちが温泉と愛を楽しみにきています。宇宙人たちが最も愛を楽しめる設定を、この小部屋が先読みして瞬時に具現化しています。後は宇宙人たちが自分の好みに合わせて想念すれば、修正も思いのままですからね。密林の湿気と薄暗さが好きな宇宙人さんも、ドロドロに溶けた溶岩のベッドが好きな宇宙人さんも、美しい繭の中でまぐ愛たい宇宙人さんもいます。それが宇宙というものですからね。この地底の温泉で最も人気のある設定は何だと思いますか？」

知らないのは私ひとりの形勢不利な状況が続きますが、なぜだかとてもそれが心地よく感じられます。

「宇宙人たちの一番人気は、母星でのまぐ愛です。別にホームシックになっているわけではありませんよ。母星へ帰りたければ、いつでもスッと帰れますからね。

ここのホログラムは、宇宙人の母星のすべての愛の波動を忠実に再現しています。

ここでは母星の母なる大きな愛の波動に抱かれながら、まぐ愛うことができるのです。その上に、この地底の世界のあふれんばかりの愛の波動が、天女の掛け布団のようにふたりを包み込んでくれます。

ふたりの母星の愛と地球の愛がここで溶けあいます。愛は生命です。ふたりの母星たちと地球がこの宇宙に新たな生命を誕生させることも、この地底の温泉ではよく起こります。

新たなる生命の誕生……ここは宇宙の『産院』ですね。あなたたち兄妹も、そうやってここで生まれたのですよ。忘れてしまいましたか？」

青い宇宙人の話にちょっと照れた妹の様子がとてもかわいく思えました。そのまま何度か深呼吸をして、ここの甘い香りを味わっていると、確かにここで産湯を使ったようなデジャブが浮かんできました。妹とは双子で……それは母のお腹の中にいる時、いつも手を繋いでいたデジャブでした。

「表の世界なら『スター・ウォーズ』ですね。残念ながら本物の宇宙では、あのようなSF大スペクタクルは起こりませんけどね。あれが三次元世界で大流行したのは、表の地球人たちの魂の中にも、この五次元宇宙のかすかな記憶が引き継がれているからです。それは表層意識に上ってくることは決してありませんが、表の世界中の人たちの魂に五次元宇宙の愛のデジャブを響かせたのは大きな意味がありました。ちょっと卵の殻をコンコンと軽く叩いただけの話ですから殻にヒビは入っていませんが、五次元宇宙からの愛のエネルギーで温め続ければ、いつかきっと目に見えないヒビから卵の殻が割れて、五次元波動に覚醒した地球人が生まれてくれるはずです。

あれは、月都市から選ばれし者たちへ送った三次元化されたインスピレーション・ビジョンを元にして、こちらの思惑通りに製作してくれた作品でした。そして『今ここ』の最重要な時代に入り、あれを三次元の視点で楽しむのか、五次元宇宙の感性で楽しむのか、で見方も得られる気づきも完全に二極化するように、私たち宇宙人は次元干渉しています。

もし表の世界であれを見て、評論家たちや有識者たち、一般大衆たちと対極の感想を抱いた人間がいれば、そっと声をかけてご覧なさい。きっとその人も五次元宇宙人や地底人の『落とし胤《だね》』ですよ」と湯あたりしたかのように真っ赤に染まった宇宙人さんが言いました。

愛の湯　～〝万病で滅亡しそうな世界〟と〝病がなくなった世界〟の分かれ目で～

別のバンガローから、湯上がりがとても気持ち良さそうな地底の長老さまがこちらにやってきました。

「どうじゃな、地底の温泉は？　まずは一緒に湯に浸かりながらお話ししましょう」

とおっしゃると、私と妹の手を引いて温泉に入りました。

お湯から、あの甘い香りが立ち上ってきて、身もこころも甘くとろけてしまいます。これでは緊張や怒りや悲しみ、不安や心配をこころに繋ぎ止めておくことなど不可能でしょう。身体の痛みもこころの苦悩も、温かく甘い湯がすべて洗い流してくれそうです。この温泉に浸かっていると、すべての重荷を手放せそうです。

この宇宙には苦悩も苦痛も重荷も元からなかったんだ、という宇宙の声が、甘い湯の泡が弾ける度にこころに響いてきました。湯の中では、数多《あまた》の龍神たちがとても気持ち良さそうに泳いでいます。

「ほれ、湯に入って初めて龍神たちが見えるのじゃ」

龍神たちが長老のまわりで、ゆっくりと輪の舞を見せてくれています。龍神たちはまるで幽霊のように私と妹、長老や宇宙人たちの身体をすり抜けながら、悠々と自由自在に泳いでいます。

「彼らは七次元波動じゃからの。肉体も地球も、宇宙でさえ彼らを閉じ込めておくことはできないのじゃ。龍神たちは、私たち五次元宇宙の『今ここ』をも超越した存在なのじゃよ」

真っ黒でとても大きな龍神が私に近づいてきて、ニヤッと笑いました。なぜか口の奥で金歯がひとつ、ピカッと光っています。となりの妹には、桃色のとても艶やかな龍神がネコが甘えるようにじゃれついています。

「あの桃色の龍神は愛の龍神じゃの。愛の波動が高い者にしか懐かない龍神じゃ。妹はこの地底の世界でも有数の愛の人だから、桃色の龍神の善き使い手となるじゃろうの。お主の黒龍は、これからの使命を支えてくれる大切なパートナーになるからの。いつも波動を繋げておくのじゃな。ふたりとも、これから大仕事が待っておるから

の」と言いながら、長老はカッカッカッカッと大笑いされました。

妹は桃龍と戯れています。桃龍が妹の口を借りて話してくれました。

「この地底の世界には、このような温泉施設以外の医療センターはありません。もし地底人たちが何か身心の不調を感じたり予感したりすると、まず温泉にやってきて、満足するまで湯に浸かります。

私たちには身体の声がとてもよく聞こえています。細胞ひとつひとつの声も、ソマチッドたちの声も聞き分けられます。表の世界で例えれば、電球が切れる前に、あと何日で切れるのかがわかってしまう感覚です。表の世界に出かけていって毒や邪念を被ってきてしまった時には、毒や邪念が身心を冒していく前に、その危険を察知できるので、すぐに地底の温泉に帰ってきて徹底的に排毒浄化と蘇生に努めるようにしています。表の世界で受けたトラウマも、この温泉に浸かっていれば浄化してしまうことができます。

少々のケガや病なら、わざわざ表の世界から地底の温泉に帰ってこなくても、想念の波動でこの温泉と繋がり、想念の中で温泉に浸かることで、表の世界に残ったままでケガや病を治してしまうこともできます。これは地底人や宇宙人だけができる『奇跡』ではありません。表の地球人たちでも、『空と無の世界』に自分の意識体を飛ばせば、一時的にせよ自分の想念波動を五次元化して、この地底の温泉に身心の波動を浸けることができます。この瞑想を毎日続けていれば、表の病も万病平癒することができるでしょう。その人が素直であること、愛に目覚めていること、感謝と共にいることが『奇跡』発動のスイッチになることはもうよくわかっていますよね。

地底人と表の人間たちは、波動の違いさえなければ、身体もこころも魂も同じ地球人です。地底人が万病を克服できたようにすれば、表の地球人たちも病の苦悩と苦痛から解放されるはずです。

宇宙は愛です。あなたたち地球人も愛です。すべての生命が愛です。愛が万病の特効薬だ、とお薬師さまがいつもおっしゃっているでしょう？　地底人たちは素直にそれを実行しています。表の人たちは知っているけど実行していません。たったそれだけのことで、万病で滅亡しそうな世界と、病がなくなった世界に分かれてしまうのです。

愛に気づいていない人間がこの地底の愛の湯に浸かっても何も『奇跡』は起こりません。愛に飢えていること、愛が枯渇していたこと、ずっと愛を求めていたことに気づいた人なら、この愛の湯から欲しいだけの愛のエネルギーを受け取ることができます。この湯の源泉から湧き出す愛は無尽蔵です。地底の太陽を輝かしてもなお、無尽蔵なままの愛がこの地球にはあります。

地球は愛の星です。愛の人しか生きられません。愛を見失ったから、愛に飢えたから、愛をあきらめたから、病になったのです。

病は愛への気づきのメッセンジャーです。病になってもまだ死んでいない内なら、愛に気づけます。すべてをなげうって愛に向きあえます。素直に愛に向きあえば、神さまの声が聞こえてきます。神さまが愛を語ってくれます。愛を見せてくれます。愛に触れさせてくれます。

神さまは愛であり、愛が神さまであることに気づけば、『奇跡』のスイッチが入ります。自然治癒力や免疫力や蘇生力を高めながら、猛毒と邪念を浄化排除していけば、『奇跡』のプロセスが動き始めます。内なる神さま、内なる宇宙が見えてくれば、いよいよ『奇跡』が起こり始めます。

『奇跡』は万病平癒だけではありません。魂の伴侶との出会いも『奇跡』でしょう。多くの人たちとの出会いの中で、人生のベストなタイミングに摩訶《まか》不思議なシチュエーションの出会いが起こるのは、病が治ることよりも『奇跡』と呼べるかもしれません。

そんな魂の伴侶との出会いもまた、愛に目覚めているから起こるのです。病と同じように、孤独も愛への気づきのメッセージです。愛に目覚めた人は、愛に目覚めている人と出会えます。表の世界には、愛を見失った人、愛に飢えた人、愛をあきらめた人ばかりが魑魅魍魎のように蠢いています。そんな魑魅たちは魍魎たちとしか結ばれません。それはとても悲しいことです。

今、三次元世界と五次元世界は共に『今ここ』にいます。愛に目覚めれば、次元を超えて魂の伴侶と出会うことができます。五次元宇宙は、必ず魂の伴侶と共にいます。出会いはすぐそこにあります」

龍神瞑想法　～万病平癒の特効薬が効かない理由《ワケ》～

桃龍が語り終えると、黒龍が銀色に輝く珠をくれました。

「これを表の世界で病に苦しむ人たちに伝えなさい。これは遥か昔から表の世界で目覚めた賢者たちに伝えてきた瞑想法です。これを会得すれば、意識がこの地底の世界と繋がります。病の人は、瞑想中にこの地底の愛の湯に浸かることができます。愛は波動です。愛は生命です。愛は奇跡の妙薬です。愛を思い出せば、病苦は消えます。

ほら、ごらんなさい。みんな、気持ちよさそうに愛の湯を楽しんでいるでしょう。瞑想中にウトウトと眠ったり、意識が飛んでしまったら、あなたの身体もこころも魂も、宇宙の愛の波動エネルギーに浸っていた証です、と伝えてあげなさい。

瞑想しながら、愛する人の身体をさすってあげなさい。この地底の愛の湯をイメージすれば、手のひらから愛があふれ出てきます。その愛のエネルギーが病を愛の色に染めていきます。病はやがて光へと変わります。あなたが注いだ愛は、愛する人の身体中に広がっていきます。神経も血管も細胞たち、ソマチッドたちも蘇生されて愛の光を発します。

ただ愛しなさい。素直に愛されなさい。病に愛を注げば、光に変わります。

この当たり前のことを表の世界へ何度でも伝えてあげなさい」

銀色の珠を持つと次々に見たこともない文字が浮かんできましたが、なぜかその意味はわかりました。

「座ったままでも、横になったままでも構いません。まず自分の呼吸に意識を向けます。

ゆっくりと息をしています。呼吸に意識を向けるだけで、呼吸を支配しようとしてはいけません。あるがままに、なすがままに、ただ素直に呼吸します。意識が痛みや疼《うず》き、音や思考に向かっても、自分を責めてはいけません。それは聖者たちも通ってきた道ですから。自分を許して、生きようとがんばっている自分を認めて、褒めてあげて、そして静かに呼吸に意識を戻します。

おヘソの真下に小さな光の珠が生まれます。白色でも、金色でも、銀色でも、虹色でも、何色でも構いません。その光の珠は息を吸う度に、ゆっくりとゆるゆると大きくなっていきます。

やがてその光の珠から、小さな灯火《ともしび》たちが生まれ出てきます。灯火たちは静かに揺れながら、身体の芯をゆっくりと昇っていきます。

灯火たちは浄化の炎です。すべてを浄化して、光へと戻してくれます。おへそからみぞおちと胃へ、心臓から肺へ、喉から顔、目と耳と口へ、眉間と脳へ、そして頭頂から頭の上へと昇りながら、灯火たちはすべてを浄化して光へと戻してくれます。

そして、こころにも灯火が灯ります。気持ちも感情も思念も浄化されていきます。

こころに無色透明の甘い甘い光が広がります。

やがて灯火たちが静かに消えていくと、身体の芯で輝いている光たちも、こころを満たしている甘い光も、ゆっくりとおへその下へと戻ってきます。

おへその下のぬくもりを味わいながら、瞑想を終えましょう」

テレパシーで私が描いたイメージを見ていた妹がニッコリと微笑みながら言いました。

「この古から伝わる万病平癒の特効薬が、なぜ表の世界の病の人たちにはうまく効かないのか、わかりますか? これまで見てきた地底人や宇宙人たちを思い返してみて」

瞑想した後の私にはすぐに答えがわかりました。

「笑顔でしょう。地底人さんも宇宙人さんも、誰もがいつでもニコニコ笑っています。みんな『今ここ』を楽しんでいます。病も心配も不安もない、しなければいけない仕事もない、そんな天国のような状況に置かれた時、表の人たちは『つまらない』『ヒマだ』『退屈だ』とブツブツ文句を言いながら地獄に戻っていきます。せっかく天国にいるのに……自分から地獄を創ってしまいます。

地底人さんや宇宙人さんは、たとえ同じ状況下でも『今ここ』を楽しんでいます。空の青さや雲の移ろいも、町の音も、流れゆく時間も、『今ここ』にいれば、無限の喜びと感謝を感じ取れます。病の痛みや疼きともお話しできます。こころの闇ともお話できます。病や闇を説得したり責めたりはしません。病や闇とも愛で向きあえば、笑顔になれます。病と闇と笑いあえれば、光に変わってくれます。

魔物たちが神々に化けて現れることがありますが、彼らには笑顔がないので、すぐに正体がばれてしまいます。笑顔のない愛も魔物の罠《わな》です。病だから、どん底だから笑顔がないのではありません。愛の笑顔を忘れているから、病やどん底が続くのです。『今ここ』を笑顔で楽しみましょう。愛の笑顔が万病平癒への入口であり、どん底からの出口なのです」

地底人たちも宇宙人たちも、私の答えを聞きながら満面の笑みでうなずいてくれました。みんなの笑い声が地底の愛の湯に響き渡りました。

闇の太陽　～魔界との結託～

「皆さん、静かに！」

突然、地底の長老さまが叫びました。

「アレがまた降りてこようとしておる！」

みんな、互いの驚きの顔を見ながら耳をそばだてています。確かに地底の世界の上から、かすかなうなり声が聞こえきます。長老さまは、天井をしっかりと支えるかのような格好で立ち上がり、ジッと見上げておられます。

「アレとは何ですか？」

「表の世界の闇がとうとう魔界と結託して、この地底の世界を襲おうとしているのです」

「でも、この地底の世界は五次元でしょう。三次元世界の闇や魔界は降りてこられないはずではないのですか？」

「あの魔界は三次元波動の外に漂っています。三次元にも四次元にも五次元にもなれない哀れな魔物たちが蠢く魔界が、三次元世界から廃油のように滴り落ちてきて、この地底の世界を襲おうとしているのです。長老さまたちが魔物の世界が落ちてくるのを必死で防ごうと、ああやって地底の天井を支えてくださっています。もちろん宇宙人さんたちも地球や宇宙意識さんたちも私たちを応援してくれてはいますが、『今ここ』に三次元世界と五次元世界が同居している間は、完全に防ぎきることは難しいようです。表の時間であと数年すれば、『今ここ』から三次元世界は出ていってしまいます。それまではこうやって地底の世界の天井を守り通すしかないようなのです」

そうテレパシーで妹が教えてくれました。やがて魔物のうなり声は遠のいていき、消えてしまいました。

みんながホッとしたのも束の間、長老さまがぐったりと倒れてしまわれました。左胸には火傷の痕のようなひどい傷が見えました。地底人たちは「**長老さまが大変です！**」と大騒ぎです。急いで地底の愛の湯に首まで浸かっていただきましたが、傷はなかなか良くなりません。

急いで宇宙船で月の医療センターへ搬送することになりました。すぐにカエル先生と連絡がつき、ホログラムの一面に真剣なまなざしのカエル先生が現れました。

「こちらでも長老さまの様態をモニターできているので、心配はありません。何かひどい毒を帯びた邪念が胸に入ったようです。すぐに取り出してしまった方が良いでしょう。ちょうどそこに医神さまに見込まれた先生がおられますので、彼に施術してもらいましょう」と言いながら私の方を指さしました。

「でも、私にはどうしたら良いのか、さっぱりわかりませんよ」

「大丈夫ですよ。まず愛の湯で手を清めてから、医神さまと繋がってください。後は自然と手が動いてくれますよ。医神さまがあなたの手を動かしてくれる感じです。何をどのようにイメージするのかも医神さまから伝わってきますから、あなたの直感のまま、感性が誘うままに自信を持って長老さまに触れてあげてください」と金色の宇宙人さんがテレパシーで勇気づけてくれました。

手を温泉に浸けると、龍神たちが集まってきてくれました。みんな、愛の珠を携えています。

「これで長老さまを助けてあげてください。あなたなら大丈夫です。私たちも見守っていますからね」

龍神たちが次々と私の手の中に七色の愛の珠を投げ入れてくれました。手のひらがとても温かく大きくなってきたように感じました。こころのどこかにあった不安と心配がきれいに消えてしまいました。なるようになれ！　という投げやりな出たとこ勝負な気持ちではなく、まるで医神さまが乗り移ってくださったかのような大きく安らかな自信に満たされていました。

「**大丈夫ですよ**」それは宇宙の愛の声でした。

「**さぁ、始めてください**」それは地球さんの声でした。

私は、まだ苦しんでいる長老さまの胸に手を当てました。そして何かが始まるのをこころ静かに待ちました。すぐに長老さまの顔色に紅がさしてきたのに気づきました。苦しげな息づかいも落ち着いてきました。やがて胸の傷跡がほんのりと青く光り始めました。それは冷たく凍った氷山の奥深くに灯る青い光のようでした。

「何かが始まった」と気持ちが身構えてしまいましたが、青い光は弱々しく光ったまま、時が止まりました。長老さまは眠ってしまったのか、軽く寝息を立てておられます。私は長老さまの胸に手を置いたまま、医神さまの次の動きを待ちました。

「**来るぞ！**」

突然、医神さまが叫ぶと同時に、私の手は見えない刃《やいば》で切り落とされたかのように宙に投げ出されました。

痛みはありません。何が起こったのか、理解できません。

長老さまの胸には、真っ赤に焼けただれた穴が開いており、私たちの上、天井近くに赤黒い炎《ほむら》に包まれたドス黒い太陽が浮かんでいました。

「闇の太陽だ！」

龍神の長《おさ》の声が天空から響き渡りました。

それを合図に龍神たちは一斉に飛び上がり、私たちを死守しようと円陣を作って激しく回っています。

やがて龍神たちはトルネードと化して、眩しく紫色に輝く光の渦が現れました。闇の太陽は、紫の蟻地獄から這い出そうともがいていましたが、すぐに紫の光の渦にのみ込まれて消えてしまいました。

強く嫌らしい邪悪な波動もたちまち消えてしまい、愛の温泉場は静けさを取り戻しました。龍神たちが愛の湯に戻ると、慈愛の美しい波動が湯気と共に立ち上ってきて、愛の温泉場の波動を浄化してくれました。

「手は？」と我に返って切り取られた手を見ると、柔らかく乳白色に輝く光の手が蘇生されていました。それは神々が人間の身体、こころ、魂から病の根源をつかみ出す際に見える光の手そのものでした。

「まずその手を愛の湯に浸しなさい」と医神さまのおっしゃるままに、私は愛の湯に腕を浸けました。痛みも出血もまったくありません。感覚も前のまま……いえ、前よりずっと何かが感じられます。龍神たちの安堵の声も、愛の湯の柔らかい癒やしの声も、地底人さんたちみんなの心配の声も手に伝わってきます……

「長老さまは!?」

地底の長老さまは、愛の湯の上に静かに浮かんでおられました。それはまるで愛の湯の手のひらにすべてを委ねて、安らいでおられるように感じられました。長老さまの胸に開いた穴も火傷の痕もきれいに消えてしまっていました。地底人さんたちも宇宙人さんたちも大喜びしています。喜びと感謝の波動が地球全体に響き渡り、それはすぐに宇宙全体に広がっていきました。

「もうこちらに搬送する必要はありませんよ。そちらの愛の湯でゆっくりと養生させてあげてください。それが一番良いでしょう」と月のカエル先生も、汗を拭いながら嬉しそうに言いました。

「龍神たちに毎日、ゼロ次元からゼロ・ボールを届けさせるので、それで波動を浄化蘇生してあげてください。ゼロ次元のゼロ・ウォーターとゼロ・エアーを用いれば、すべての波動の乱れや穢れを消し去ってしまえます。ゼロ次元の神さまが、こんな時のために準備しておいてくれましたが、まさかこんなに早く役立つとは思いませんでした。これを使えば、長老さまもすぐに元気になられますよ」と医神さまはみんなを勇気づけるようにおっしゃいました。やがて長老さまがゆっくりと目を覚まされました。

「危ないところじゃったが、皆に助けられたの。ありがたいことじゃ。本当にありがたいことじゃ。どれ」と言いながら身体を起こして愛の湯の上に座られました。

「アレも大きく強くなりおったの。もうこの天空を支えきれなくなってしもうたわ。あと数年の辛抱だと思っていたが、これは間に合わぬかもしれぬの」

地底人さんたちも宇宙人さんたちもうなだれています。

「やはり排毒と浄化を早めましょう。このままでは地底の世界にも毒が広がってしまいます」と地球意識体の声が聞こえてきました。

「私はいつでも表の世界のすべてを浄化する準備を整えています。宇宙の意識体さんも宇宙人たちも、すでに6回目の浄化に同意してくれています。どの方法にするのかの選択も、私に一任されています。どれを用いても、7日以内に表の世界を完全に浄化できます。表の人間たちが浄化されてしまえば、闇も魔界もとりあえず消えてしまうことは、これまでの5回の浄化でわかっています。ここまで来れば、早く浄化してしまうのが得策でしょう」

「地球さんもそう言ってくれていることだし、地底の皆さんもそろそろ考え直した方が良いのではありませんか？」と宇宙意識体さんも浄化を勧めています。そんな四面楚歌の中でも、地底の長老さまは柔和な笑みを浮かべながらおっしゃいました。

「皆さんのご厚意は身にしみます。こころから感謝しています。ありがとうございます。しかし、まだ打つ手は残っています。あの闇と魔界に直に向きあい、光へと変容させるのです。闇と魔界の世界に入り、闇と魔界を解放してきてくれる者に地球を託しましょう」

闇と向きあう。それは表の人間たちにとって、最も難しい課題でした。闇は地獄の底なし沼のようです。闇と向きあえたと思っても、その先に更なる闇が待ち構えています。闇を光へと変容できたと思っても、その灯火はすぐに次の闇に覆われてしまいます。闇から逃げたり目を背けるとたちまち魔界へと堕ちてしまいます。

三次元世界は陰陽の世界です。光と闇はいつも共にあります。光を求めれば、まず闇がやってきます。闇と向きあい、魔物たちを許し、闇に感謝し、魔物たちをも愛せると、本物の光が見えてきます。

三次元世界に闇のない光はありません。光のない闇もありません。陰陽流転している世界だからこそ、闇と光の本質はひとつなのです。

「闇との対峙か……これは難しい課題だな」と呟いていると**「ちょっとこっちへ来て……」**と地底の妹がテレパシーで呼びかけてきました。妹の波動の乱れと弱りを感じて嫌な寒気がしました。妹を探すと、長老さまを囲んだみんなの輪の外で、ひとり胸を手で押さえながらうずくまっていました。

悪い予感を振り払うように明るく**「どうしたの?」**と声をかけると、妹は押さえていた手をのけて左胸を見せてくれました。妹の左胸には、細い稲妻が何本も走り抜けたかのような瘢痕《はんこん》が残っていました。

「胸が痛くて息がしにくくて、気が遠くなりそうなの。この傷跡も錐《きり》で刺されるよう

に痛むの……」と涙ぐんでいます。

まだ光の残っている手を胸の傷跡に当てると、痛みと苦しみがスッと遠のいていきました。長老さまが妹の異変に気づいて、湯の上からこちらへゆっくりと歩いてこられました。

「これは先ほどの闇の太陽が残した紋章じゃな。次に来た時は、この娘をもらい受けるという闇の宣言じゃ。もう一刻の猶予もあるまい。お主と妹が闇の世界に降りていき、闇と向きあい、闇と魔物たちを光へと変容するしか妹を救う手立てはあるまいの。他の誰でもない、闇が選んだのがお主たちだったのじゃ。闇は知っておる、誰が闇を光の呪縛から解き放ってくれるのかをの。お主たちならできるのじゃ。闇に選ばれし者は、光に選ばれし者じゃからの。こころして闇と向きあってくるのじゃ」

長老さまの言葉を受けて、地底の太陽さんの声も聞こえてきました。

「あの魔物たちがいる魔界への入口は闇の中にあります。闇は表の人間たちのこころの中にあります。地底人や宇宙人には闇は見えません。ですから、闇に向きあえるのは表の人間の血を持った者だけです。妹を私のもとへ連れてきなさい。妹を表の人間の身体に変えてあげましょう。そしてふたりして表の人間社会の闇から魔界へと降りていきなさい。闇があなたたちを待っています。それがあなたたちの使命なのです」

妹はさぞかし怖がっているだろう、と思いましたが、目に涙を浮かべながらも嬉しそうな笑顔を見せてくれています。

「このデジャブを小さい頃から何度も見てきました。双子の兄と真っ暗な闇を彷徨っている夢でした。でも、なぜだか不安も心配もありませんでした。あきらめや運命への依存も感じられませんでした。表には出ていませんが、内に地底の太陽さんのようなあふれる愛がありました。何か大切な使命を果たしている充実感がありました。兄と同じ肉体で愛しあえる幸せを噛みしめていました。

夢でうなされても、最後には必ず闇のトンネルを抜けて、眩しい光の世界へと戻ってこられました。だから大丈夫だ、といつも思いました。目が覚めると枕は涙で濡れていましたが、それは嬉し涙でした。兄と一緒に光の世界へ戻ってこられたことがとても嬉しかったのでした。

今からあのデジャブの夢を現実化できます。私は兄と一緒に闇へと降りていきます」

長老さまは龍神たちに命じて、私たちを地底の太陽へと導くように命じました。龍神たちの長である白銅色をした巨大な龍神が数十匹の色とりどりの龍神たちを従えて、愛の湯の中から現れました。長老さまは龍神の長と私たちには聞き取れない波動で何かを打ち合わせしてから、私たちにおっしゃいました。

「地底の太陽は、私たち地底人すべての愛と感謝のエネルギーが集まった結晶体じゃ。この星が生まれてからずっと、この星に生を受けた者たちが捧げた愛と感謝と喜びの波動が今もこうやって、この星の中心で光り輝いておるのじゃ。だからのう、地底の太陽の愛の波動には、八百万の生きものと霊たちの光と闇の波動も含まれているから、どんな闇も魔物も愛で染めることができるはずじゃ。

さぁ、龍神たちと共に地底の太陽の中へと入り、しっかりとその愛を受け取ってくるのじゃ。ここにいる地底人も宇宙人も、誰もお主たちについて地底の太陽の中へ入ることは叶わぬ。神々と龍神にしか入ることのできぬ聖域だからの。お主たちなら大丈夫じゃ。これはの、今の表の世界が始まった時から決まっておったことじゃからの。さぁ、手を携えて行ってくるのじゃ」

長老さまの目に涙が浮かんでいました。妹と長老さまが固い絆を確かめあうようにハグしています。それを地底人と宇宙人たちが取り囲んでハグの輪を作ってくれました。

みんなとひとつになれた。みんなが私の中に入ってきてくれた。これからみんなと一緒に光の旅に出るんだ。そんな実感と共に、勇気と自信が湧き上がってきました。

地底の太陽　～闇への旅の始まり～

私たちは龍神の長の背中に乗って、地底の太陽へと昇っていきました。

太陽に近づいても、光の眩しさも熱さも変わりません。ただ慈愛のエネルギーだけがどんどんと強くなっていくのがわかりました。それは太陽の中に入っても同じでした。龍神たちは、キラキラと輝きながら気持ち良さそうに泳いでいます。

やがて太陽の中心に金色の玉座がひとつ見えてきました。そこには金色に美しく輝く女神さまが座っておられました。私たちが龍神から降りて女神さまの前に進むと、女神さまは柔らかく愛おしい笑顔で迎えてくださいました。

「地底の太陽の女神さま、はじめまして」

女神さまはクスッと笑われるとおっしゃいました。

「ようこそ、おふたりさん。お久しぶりですね。あなたたちは忘れてしまっていますが、私たちはもう何回もこうやって出会ってきたのですよ、平行次元でね」

私たちは顔を見合わせましたが、かすかなデジャブを感じています。

「もうすでに妹さんの身体もこころも三次元の表の人間仕様に変えました。ほら、左胸が痛むし、グラングランと身体が揺れているでしょう？」

妹が悲しそうにうなずきました。そうとう揺れがひどいのか、私の腕につかまって、何とか立っていられるようです。

「胸の傷の痛み、揺れ、足の冷えの3つが闇の扉を開く鍵になります。闇の扉をひとつ開ける毎に、大きな気づきと神の智恵が得られます。その闇の扉を開ける毎に、闇は光と和合していきます。あなたたちは何度も奈落の底に落ちるでしょう。泣きながら這い上がってきても、またすぐに落ちてしまいます。死にたい、と思うことが何度もあるでしょう。でも、その都度、何かに支えられながら何かに気づいて、また這い上がってきます。それがあなた方ふたりです。

私もあなた方をずっと見守っています。私の慈愛のエネルギーを絶えず送り続けて

います。地球意識体さんも、宇宙意識体さんも、地底人も宇宙人たちも、そう宇宙全体があなた方を応援しています。神々も龍神たちもあなた方を支えてくれています。確かにあなた方は地球の命運を背負っていますが、それは忘れてしまっても構いません。そう、痛みと苦悩で使命など忘れてしまっても良いのです。すべてを剝ぎ取られて、最後に残るのが愛ですから。愛さえ失わなければ、このミッションはクリアできますよ。

私からあなたたちへのはなむけに、私の碧龍《へきりゅう》を授けましょう。この碧龍は、私とあなたたちの契りとなってくれます。もしふたりが力尽き最後の時が来たら、この碧龍がふたりをここへと連れ戻してくれるでしょう。その時が表の世界の最後の日となります。この碧龍もそのことはよく心得ているので心配は要りません。あなたたちは自由に、素直に、あるがままのふたりで闇の世界を楽しんできてください。

さぁ、宇宙は愛がすべてだ、愛しかないんだ、ということを実証してきてくださ

い」

地底の太陽の輝きが脈打つように増していき、眩しくて何も見えなくなると……私たちふたりは光の波動となって表の世界へと送られました。

気がつくとそこはいつもの私の朝でした。ちょうど日の出の時刻のようです。生駒山から卵の黄身のようなお日さまが顔を出していました。

ふと横を見ると、目覚めたばかりの愛妻さんがのびをしています。それが地底の妹であることはよく知っていました。昨夜まで私はひとり暮らしだったことも覚えていました。そのどちらもこの表の世界では現実だ、ということもよくわかっていました。それは単に平行次元を乗り換えただけのことでした。

「**さぁ、闇と向きあいに出かけなさい**」と華佗老師の声がしました。

「**おはよう！**」と愛妻さんに挨拶すると、ニコッと笑ってくれました。これが私たちの闇への旅の始まりでした。

あとがき

五次元世界の人たちは必ず……

魂の伴侶と一緒です。

自分軸があります。

おとぎ話を持っています。

「五次元世界とは、どのような世界なのですか？」と尋ねられることが増えました。

「私はこんな五次元世界で暮らしたい」と具体的にイメージし続けることが、五次元覚醒への最初の一歩になります。

すでに五次元覚醒した人たちとは、「そうそう、それだよね」で意気投合できますが、まだ三次元波動のままの方々には「それはね……」と具体的にお話しできないまま２０２１年を迎えてしまいました。

そんな葛藤に応えるかのように、２０１９年秋の４日間、連続して地底世界と月旅行のイメージ情報が一気に降ってきました。書き始めると、自動書記でどんどん文章は埋まっていき、ひと月でこの本を書き終えてしまいました。

私が見てきた地底と月の世界は空想でしょうか？

そう問いかける度に、創造主さんは不思議なシンクロで「大丈夫」と応えてくださいました。

「五次元宇宙は愛が具現化します。宇宙の愛と感謝と喜びに基づいている限り、その想念イメージは必ず具現化します。愛に満ちあふれた五次元世界を創り出してください。『こんな世界で暮らしたいな』と誰かが思ってくれれば良いのです。私たちの想いを伝えてください。それがあなたの使命です」と創造主さんに背中を押されました。

こんな世界で暮らしたい。そんな夢のような話が具現化してしまうのが五次元宇宙です。

今年、あなたが五次元化できれば、数年後には、この夢の世界で暮らせます。

三次元波動のままなら、この夢は忘れてしまいます（この本も手元から消えてしまうでしょう）。

地底人のもうひとりのあなたも、宇宙人のもうひとりのあなたも、あなたの『今ここ』で、あなたの覚醒を待ち続けてくれています。このおとぎ話のような本が、あなたの『何か』を目覚めさせて、五次元宇宙へと誘ってくれます。

ある朝、目覚めたら、あなたにも平行次元の乗り換えが起こって……ワクワクしながら『今ここ』を楽しんでいれば、必ず夢の世界に入れますよ。


宇宙人病を一身に背負いながら、地底人たちや宇宙人たち、八百万の神々たち、龍神たちと日夜、対話を続けてくれている愛妻ゆなさんのおかげで、この本も完成できました。魂の伴侶であるゆなさんが居てくれるからこそ、宇宙の愛を自信満々に語ることができます。ゆなさんが病苦に負けず、がんばってくれている限り、この夢のような五次元宇宙は今も確かに具現化しています。

宇宙からの大声援と歓喜の声に乗せて、地底の太陽１００万個分の感謝と愛を愛妻ゆなさんに贈ります。ありがとう！

参考図書

『次元進化した人々の暮らし　インナーアースとテロス』ダイアン・ロビンス（ヒカルランド　2018）
『光シャンバラから誕生する超人類の謎』海野光彦（徳間書店　2008）
『地球内部を旅した男』ウィリス・ジョージ・エマーソン（徳間書店　2009）
『第十一の予言　シャンバラの秘密　ジェームス・レッドフィールド（角川書店　2006）
『地底の楽園［アガルタ神秘文明］へのナビゲーションガイド』カルロ・バルベーラ（ヒカルランド　2013）
『シャンバラからの伝言　魂の修行と宇宙の真理』成瀬雅春（中央アート出版社　2008）

『神々の地政学　日月神示と日本の地下神都』山田久延彦（徳間書店　2009）
『空洞地球　ポーソロゴスの図書館ミコスからのメッセージ』ダイアン・ロビンス（徳間書店　2007）
『超シャンバラ　空洞地球　光の地底都市テロスからのメッセージ』ダイアン・ロビンス（徳間書店　2006）
『グレートシフト完全ファイル』堀切直人（ヒカルランド　2012）
『シャンバラからの超レッスン　地球アストラル次元』ペガサス（ヒカルランド　2012）
『不可視の王国《アストラル界》へ行こう』ペガサス（ヒカルランド　2013）
『ドリームランド《地球》へ行こう』ペガサス（ヒカルランド　2013）
『地球を救う愛のスイッチ』ペガサス（ヒカルランド　2010）
『アミ小さな宇宙人』エンリケ・バリオス（徳間書店　2005）

『もどってきたアミ』エンリケ・バリオス（徳間書店　2005）
『アミ3度めの約束』エンリケ・バリオス（徳間書店　2005）
『霊障医学』奥山輝実（ヒカルランド　2018）
『黄泉医学』奥山輝実（ヒカルランド　2018）
『龍神覚醒術』奥山輝実・並里武裕（三和書籍　2019）
『幽幻医学』奥山輝実（ヒカルランド　2019）
『龍神医学』奥山輝実（ヒカルランド　2019）
『菩薩医学』奥山輝実（ヒカルランド　2021）

奥山輝実　おくやま てるみ

1957年酉年　大阪生まれ

府立茨木高校、関西医科大学卒業。在学中にプラトンをはじめとするギリシャ古典哲学にふれる。関西医科大学脳神経外科に入局し脳外科医として研鑽のかたわら、同教室の故・松村浩教授のもとで漢方医学と心療内科を学びながら、日本脳神経外科専門医、日本東洋医学専門医（現：漢方専門医）を修得した。

1996年、大阪府門真市で奥山医院を開業し、心療内科治療としての前世療法やアーユルヴェーダなどを含む東洋医学診療を併用した総合診療科を始める。2000年春より日本で初めてとなる「光の前世療法」を開始し、2018年末までにのべ8000人以上の方々の「生きがいの創造」「難病奇病の治療」のお手伝いをしてきた。2011年より藤本蓮風先生に鍼灸を師事し漢方治療に鍼灸を加えた。2015年、吉川正子先生から陰陽太極鍼を直接伝授された。

2014年11月に門真の奥山医院を類焼で焼失し、2015年12月から大阪心斎橋で奥山医院を再開した。2017年末、還暦を迎えたのを機に脳外科専門医を返上して、自然医学医として食養生と生活養生、尿療法、波動量子医学を指導すると共に、漢方鍼灸氣功指圧を実践研鑽し続けている。

2019年５月より大阪　鴫野に医院を移転し、薬を使わない医療の完成をめざして保険医を辞退した。

2018年５月『霊障医学』（ヒカルランド）、10月『黄泉医学』（ヒカルランド）

2019年８月『龍神覚醒術』（共著、三和書籍）、９月『幽幻医学』（ヒカルランド）、10月『龍神医学』（ヒカルランド）

2021年６月『菩薩医学』（ヒカルランド）を出版した。

連絡先

医療法人　愛香会　奥山医院

〒536-0013

大阪府大阪市城東区鴫野東２丁目６－７

コーポ・ラ・ベリエール１Ｆ

Tel 06-4963-3283

mail　love@okuyama.or.jp

HP　http://www.okuyama.or.jp

万病平癒のヒント

地底医学

第一刷　2021年8月31日

著者　奥山輝実

発行人　石井健資

発行所　株式会社ヒカルランド

〒162-0821 東京都新宿区津久戸町3-11 TH1ビル6F
電話 03-6265-0852　ファックス 03-6265-0853
http://www.hikaruland.co.jp　info@hikaruland.co.jp

振替　00180-8-496587

本文・カバー・製本　中央精版印刷株式会社

DTP　株式会社キャップス

編集担当　Maria.H/Mizoguchi

ISBN978-4-86742-015-7

ヒカルランド　好評既刊！

地上の星☆ヒカルランド　銀河より届く愛と叡智の宅配便

アセンション・ゲームの手引き書
ドリームランド《地球》へ行こう
著者：ペガサス
四六仮フランス装　本体 2,000円+税

アセンションへの超導き
不可視の王国《アストラル界》へ行こう
著者：ペガサス
四六仮フランス装　本体 1,900円+税

地球平面説
【フラットアース】の世界
著者：中村浩三／レックス・スミス／マウリシオ
四六ソフト　本体 2,000円+税

わが家に宇宙人がやってきた!!
金星人ミルトンさんに教えてもらったこと
著者：胡桃のお
インタビュー：小笠原英晃
四六ソフト　本体 1,750円+税

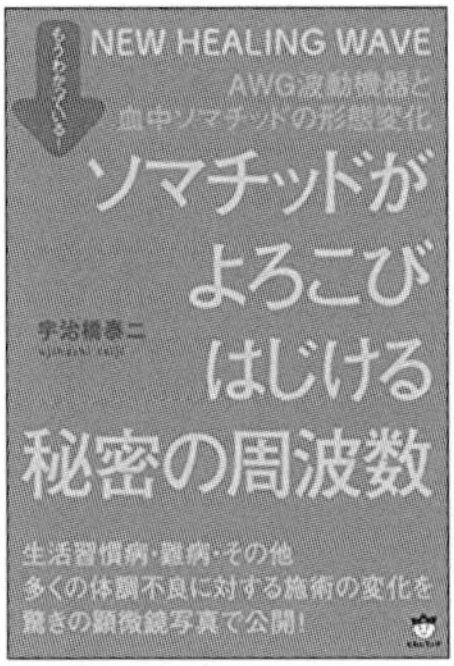

もうわかっている！
ソマチッドがよろこびはじける
秘密の周波数
AWG波動機器と血中ソマチッドの形態変化
著者：宇治橋泰二
Ａ５ソフト　本体 3,333円+税

スターシードTheバイブル
あなたは宇宙から来た魂
著者：akiko
監修：市村よしなり
四六ソフト　本体 1,700円+税

ヒカルランド　好評既刊!

地上の星☆ヒカルランド　銀河より届く愛と叡智の宅配便

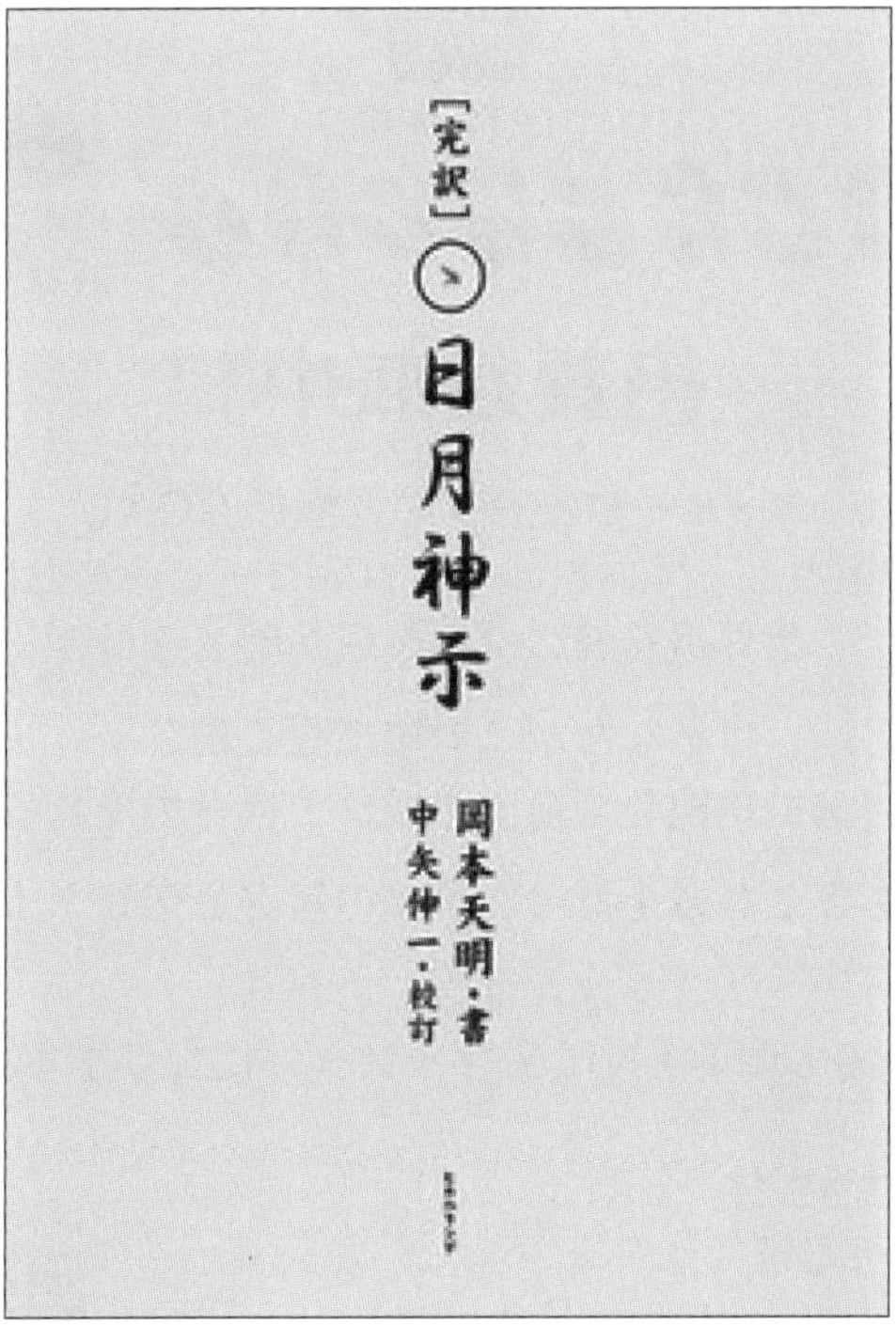

[完訳] 日月神示
著者：岡本天明
校訂：中矢伸一
本体 5,500円+税（函入り／上下巻セット／分売不可）

ヒカルランド　好評既刊！

地上の星☆ヒカルランド　銀河より届く愛と叡智の宅配便

霊障医学
著者：奥山輝実
推薦：森美智代／寺山心一翁
四六ソフト　本体 1,815円+税

「こんなに詳しい霊障の本は読んだことがありません」（森美智代）
「困難を抱える方たちの、救いの道しるべとなることでしょう」（寺山心一翁）
なぜか治らない「なぜか病」に悩んでいるあなた！　それは、「霊障病」かもしれません。今、日本人を苦しめている「霊」とは何か？　脳外科専門医としての経歴を持つ自然医学医が「チベット医学」に基づき、霊障のメカニズムをひもときながら現代で起こる様々な異常を霊障医学の立場から診断！　現代医療で99.9％否定されてきた霊障病に迫る！　数々の難病奇病に立ち向かってきた自然医学医が語る霊障医学的「現代を生き抜くためのヒント」とは？　医学界の著名人たちをも唸らせた、自然医学医による渾身の一冊！

ヒカルランド　好評既刊！

地上の星☆ヒカルランド　銀河より届く愛と叡智の宅配便

龍神医学
三次元⇄五次元の狭間で待つ
【どん底病】【次元病】【宇宙人病】
著者：奥山輝実
四六ソフト　本体 2,000円+税

「財のどん底」「愛のどん底」「病のどん底」「生きがいのどん底」など、あなたの「今」を「どん底」だと感じていませんか？　破産や失業など最悪な貧困に悶絶する。仲の良かった友人、夫や妻、親、子ども、きょうだい、仕事関係者との絶縁状態が突然やってきて孤独になる。ガンが一向に平癒しない、難病奇病に悩まされる。絶望や失望を感じ生きがいを失ってしまう。そんなあなたの辛い状態は“三次元から五次元へのジャンプアップ”のせいかもしれません。ではどのように抜け出せばいいのか？　さらに、五次元へのジャンプアップの際に起こる“次元病”とは？　“宇宙人病”とは？　三次元の殻を破って五次元世界へ行こうとする宇宙のチャレンジャーであるあなたに覚醒をもたらす！　それが「龍神医学」なのです！